かぐや姫と覚える

古文単語473

Masaki Mizokoshi

溝越雅樹

はじめに

「古文単語は覚えにくい……」。

長年、生徒指導をしていると、こういった声を多く聞きます。英単語に比べると覚えるべき数は少なく、せいぜい300語から400語ぐらいです。にもかかわらず、多くの受験生が苦労するのが古文単語なのです。

その理由の1つは、まぎらわしい訳語が多いということ。もう1つは、多義語が多いということです。私も受験生時代には、非常に苦労したのを覚えています。

何とかして、これらの古文単語をスムーズに覚える方法はないものか……。

長年の試行錯誤の末に完成したのが、本書です。「イメージ変換」と「ストーリー方式」。この2つの組み合わせによって、複雑な古文単語が、スーッと頭の中に入ってきます。それは、きちんとした意味づけがされているからです。

平安朝のアイドル「かぐや姫」にも登場してもらい、皆さんが古文に親しみながら楽しく学べるようにしました。

例文も、徒然草や竹取物語など、読みやすいものを多く取り上げました。どうか気楽に本書を活用して、古文単語の知識を身につけてください。

著者しるす

目次

イメージ変換で覚える単語200

見出し語

【 】内に漢字表記を示しました。
品詞と活用の種類を記載しました。
★の数（★★・★・なしの順）で重要度の高さを表しています。

イメージ変換ワード

見出し語の音をもとにしたワードを記載しています（イメージ変換）。

解説

語が持つイメージや原義・成り立ち、実際の使われ方や現代語との違いなど、その単語の意味を理解して覚える上で知っておきたいポイントをまとめました。

訳語

古文を学ぶ上で重要な訳語を赤字で示していますので、市販の赤チェックシートを使って隠すことができます。

ワンフレーズ

複数の訳語があるものも覚えやすいよう、原義やその語が持つ核となるニュアンスをひとことのフレーズで記載しています。

学習ポイント

覚え方や古文を読む際の訳し方、問題として問われやすいものなど、学習する上でのポイントをまとめました。

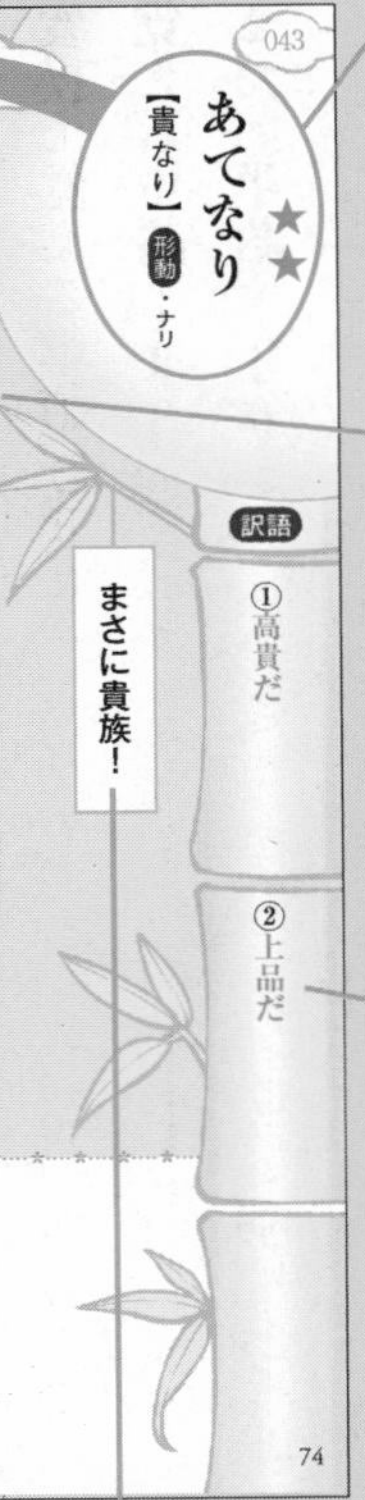

イラスト

イメージ変換ワードをもとに、それぞれの訳語をイラストで表しています。

複数の訳語がある場合は、訳語ごとにつながりのあるイラストを掲載しています（ストーリー方式）。

「イメージ変換」と「ストーリー方式」で、単語の意味がスムーズに頭に入ってきます。

例文

①一人はいやしき男の貧しき、一人はあてなる男持たりけり。（伊勢物語）

訳（姉妹のうち）一人は身分が低い男で貧しい男を、もう一人は身分の高い男を（夫として）持っていた。

②あてなるもの。（中略）水晶の数珠。藤の花。梅の花に雪の降りかかりたる。（枕草子）

訳上品なもの。水晶の数珠。藤の花。梅の花に雪が降りかかっている眺め。

関いとあてやかに清げなるかたちして、（源氏物語）

訳（柏木は）とても上品で美しい容貌をしていて、

関心うつくしく、あてはかなることを好みて、こと人にも似ず。（伊勢物語）

訳（紀有常は）心が立派で、上品なことを好んで、ほかの人とは違っている。

かぐや姫のワンポイントアドバイス

「やむごとなし」が皇族などの最上級の高貴さを表すのに対して、「あてなり」は、一般的な貴族の高貴さを表すの。ちょっと親しみやすい感じもあるわ。

関連語

同あてやかなり【貴やかなり】・あてはかなり【貴はかなり】（形動）高貴だ・上品だ

類えんなり【艶なり】（形動）→P.35

類やむごとなし（形）高貴だ→P.366

イメージ変換で覚える単語200

75

例文

訳語の例文を掲載しています。現代語訳のうち、見出し語の訳にあたる部分は赤字で示していますので、市販の赤チェックシートを使って隠すこともできます。

例文の現代語訳の後には、例文・引用作品の文脈の補足や文法解説を記載しました。

関連語

見出し語の派生語（1、2…）・同義語（同）・対義語（対）・類義語（類）・関連語を取り上げています。

本書で見出し語として取り上げている場合は、「→P.○○」と該当ページを示しました。

ワンポイントアドバイス

その語が使われていた当時の時代背景や古文常識、その語に関する豆知識などを、かぐや姫が親しみやすく解説します。

※本文中のかぐや姫のイラストは、現代風にアレンジしています。

漢字から覚える単語133（一部、漢字表記のないものも含む）

5 あたらし【惜し】形・シク

□□□ ★★

美しいものや優れたものが失われることを、残念に思う気持ちです。「新しい」としないように。その意味で使われることもたまにありますが、古文では「あらたし【新たし】」と表現するのが普通です。

① 惜しい・もったいない

関 あたら【惜】副 惜しいことに
あらたし【新たし】形 新しい

例文

①若くて失せにし、いといとほしくあたらしくなむ。（増鏡）

訳（女流歌人が）若くして亡くなってしまったのは、たいへん気の毒で惜しいことでした。

6 あぢきなし【味気無し】形・ク

□□□ ★★

現代語の「味気ない」に近いです。思うようにならない不快感を表します。恋愛関係に使われることが多いです。

① どうしようもない
② つまらない

例文

②おろかなる人の目を喜ばしむる楽しみ、またあぢきなし。（徒然草）

訳 愚かな人の目を喜ばせる楽しみも、またつまらない。

394

古文単語には、漢字で表記すると意味がわかりやすくなるものも多くあります。この章では、漢字表記が有効な単語をまとめています。

＋αで覚えたい単語140

1 **あがためし【県召し】** 名
①国司を任命する儀式

2 **あかつき【暁】** 名
①夜明け前・未明

3 **あからめ【あから目】** 名
①わき見　②浮気

4 **あけぼの【曙】** 名
①夜明けごろ

5 **あつし【篤し】** 形・シク
①病気が重い・病気がちだ

6 **あなづらはし【侮らはし】** 形・シク
①軽く扱ってもよい　②遠慮がいらない

7 **あま【海人・海士・海女】** 名
①漁師　②海女

8 **あやめ【文目】** 名
①道理・分別

9 **あらがふ【争ふ・諍ふ】** 動・ハ四
①争う・論争する　②反論する

10 **あらはなり【顕なり・露なり】** 形動・ナリ
①まる見えである　②明らかだ

460

この章では、覚えておくと読解問題や入試などで差がつく単語をまとめています。一問一答式でシンプルに学べるようまとめました。

索引

●本書で見出し語・関連語として取り上げた単語を五十音順に掲載しています。

●「イメージ変換で覚える単語２００」と「漢字から覚える単語１３３」は見出し語を太字で示し、「＋αで覚えたい単語１４０」は「＋α」を、本書で取り上げた関連語は「関」をそれぞれ文頭に記載しています。

●各見出し語の左側に、赤字で訳語を記載していますので、簡単なチェックリストとしても活用できます。

あ

い

き

く

ち

つ

て

と

な

ひ

ふ

ほ

ま

み

イメージ変換で覚える単語200

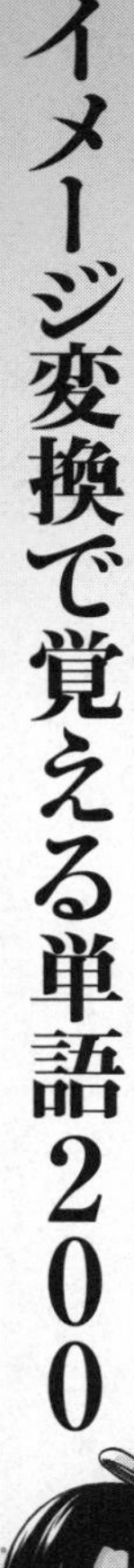

この章には、覚えにくい単語２００語を収録しました。「イメージ変換」の記憶法を使用することで覚えやすくなります。

基本的には五十音順に掲載していますが、訳語が１つの単語は最初にまとめています。

あからさまなり ★★

形動・ナリ

元の場所からちょっとだけ離れて、他のところへ行くというのが原義です。一時的で、本格的でない状態を表します。連用形「あからさまに」の形で使われることがほとんどです。

訳語

①ほんのちょっと

ほんのちょっとの短い時間

イメージ変換ワード

赤らさま（顔が赤い様子）

ほんのちょっと

赤い

例文

①おほかた、この所に住みはじめし時は、あからさまと思ひしかども、今すでに、五年（いつとせ）を経（へ）たり。（方丈記）

訳そもそも、この場所に住み始めた時は、ほんのちょっとの間と思ったのだが、今すでに、五年も経（た）ってしまった。

『方丈記』の作者・鴨長明（かものちょうめい）は、俗世を離れて隠遁（いんとん）生活を送りながら、人生の無常を記した。

かぐや姫のワンポイントアドバイス

現代語の意味（＝露骨に）とは違うので注意してね。「急に」という意味で使われることもあるわ。

関連語

類 かりそめなり【仮初なり】（形動）→P.464

あそび★

【遊び】名

普通の遊びという意味もありますが、平安貴族の遊びというと、音楽を演奏するという意味で使われることがほとんどです。一般庶民はしない遊びですが、古文の主役は貴族なので覚えておきましょう。

貴族の遊びは、主に管弦

訳語

①管弦の遊び

例文

①さるべき御遊びの折々、何事にもゆゑある事のふしぶしには、まづ参う上(まうのぼ)らせたまふ。（源氏物語）

訳（帝は）立派な管弦の御遊びの時や、何事につけ趣のある行事があるたびに、まっ先に（桐壺更衣を）参上させなさる。

遊び

管弦の遊び

かぐや姫のワンポイントアドバイス

平安貴族たちは、なんと庭の池に舟を浮かべて管弦を合奏するという、チョー贅沢な遊びをしていたのよ！ 厳島神社の「管絃祭」では、当時の雰囲気を味わえるわ。

関連語

1 あそぶ【遊ぶ】（動）管弦を楽しむ

2 あそばす【遊ばす】（敬動）→P.393

あふ ★

【逢ふ・会ふ・合ふ】

動・ハ行四段

現代語の「会う」や「合う」の意味もありますが、現代語にはない「結婚する」という意味に注意しましょう。

訳語

①結婚する

会うだけじゃイヤ、結婚する

イメージ変換ワード

会う

例文

①この世の人は、男は女にあふことをす、女は男にあふことをす。（竹取物語）

訳この世（人間の世界）の人は、男は女と結婚し、女は男と結婚する。

関親のあはすれども、（伊勢物語）

訳親が（他の男と）結婚させようとしたが、（聞き入れずにいた。）

かぐや姫のワンポイントアドバイス

貴族の恋愛は、まず和歌のやり取りから始まるの。ここでフラれることもあるから、和歌と習字の練習は必須よ。

次に、御簾（みす）越しに会話をして、男性が3日連続で通ってきたら、めでたく結婚となります。

関連語

1 あはす【合はす】（動）結婚させる

あへず【敢へず】（連語）耐えきれない

004

あらまし★

名

動詞「あり」の未然形に、推量の助動詞「まし」がついたもの。あらかじめ、いろいろ計画することを表します。現代語の「あらまし（＝概略）」とは意味が異なります。

訳語

①計画・予定

あら＋まし＝こうしよう

例文

①かねてのあらまし、皆違ひゆくかと思ふに、おのづから違はぬ事もあれば、いよいよ物は定めがたし。（徒然草）

訳 あらかじめの予定が、みなうまくゆかないかと思うと、まれには予定通りにゆくこともあるので、いよいよ物事は（あらかじめ）決めることがむずかしい。

イメージ変換ワード

あらっ、マシ

計画・予定

計画予定 8月

あらっマシ

前は遊びばかりだったのに

中世以降は、現代語と同じ「概略」という意味でも使われるようになったの。

関連語

1 **あらます**（動）計画する・予定する

2 **あらまほし**（形）（連語）1理想的だ　2あってほしい

いそぎ ★

【急ぎ】名

文字通り「急ぎ」という意味もありますが、急いですることから、「用意」「準備」の意味ができました。こちらの意味が重要です。

訳語

①用意・準備

急いで準備しよう

イメージ変換ワード

急ぎ

用意・準備

例文

①公事（くじ）どもしげく、春のいそぎにとり重ねて催（もよほ）し行はるるさまぞ、いみじきや。（徒然草）

訳 諸儀式が多く、新春の準備と重複して催（もよお）しが行われる様子は、まことにすばらしい。

平安時代の新春の行事としては、「白馬（あおうま）の節会（せちえ）（帝が白馬をご覧になり、宴会を催される）」が有名（「白」は「アオ」と読む）。

かぐや姫のワンポイントアドバイス

古語の「ようい」は、現代語の意味とは違って、「気配り」という意味よ。混同しないように注意が必要ね。

関連語

1 いそぐ【急ぐ】（動）1用意する 2準備する

類 まうけ【設け・儲け】（名）→P.330

類 ようい【用意】（名）→P.63

いとほし ★★

形・シク

訳語

①気の毒だ・かわいそうだ

弱々しくて、見ちゃいられない……

動詞「いとふ（＝いやだ、つらい）」が変化したもので、対象を見ていられないほどつらい気持ちを表します。

例文

①いとか弱くて、昼も空をのみ見つるものを、いとほしと思して、（中略）戸を押し開けたまへれば、渡殿の火も消えにけり。（源氏物語）

訳（光源氏は夕顔のことを）とてもか弱くて、昼も空ばかりを見ていたので、かわいそうだとお思いになって、戸を押し開けなさると、渡殿（＝渡り廊下）の灯火も消えてしまっていた。

イメージ変換ワード

糸、欲しい

かぐや姫のワンポイントアドバイス

もともと弱い者への「同情」を表していたものが、「愛情」も表すようになり、現代語と同じ「かわいい」という意味ができたのよ。

関連語

類 こころぐるし【心苦しい】（形）→P.188

いはけなし ★★

【稚けなし】形・ク

「いはけ（＝幼いこと）」＋「なし（＝はなはだしい）」からできた語です。形容詞の語尾「なし」は、「無し」の場合と「はなはだしい」の場合がありますが、ここでは後者です。

訳語

①幼い・あどけない

子どもっぽいね

イメージ変換ワード

岩、けなし

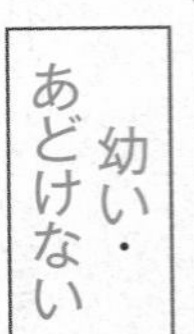

例文

①いはけなくかいやりたる額（ひたひ）つき、髪（かん）ざし、いみじううつくし。（源氏物語）

訳（若紫が）あどけなく（髪を）かき上げた額の様子、髪の生え具合は、本当にかわいらしい。

関 いと幼ければ、籠（こ）に入れて養ふ。（竹取物語）

訳（かぐや姫は）とても小さいので、かごに入れて育てる。

かぐや姫のワンポイントアドバイス

「いとけなし」が年齢的なことだけを指すのに対して、「いはけなし」は精神的な幼さも含まれるのよ。

関連語

同 いとけなし【幼けなし】（形）

対 おとなし【大人し】（形）→P.410

えんなり ★★

【艶なり】 形動 ナリ

もとは漢語の「艶（えん）」が形容動詞になったものです。艶（つや）やかで華（はな）やかな美しさを表します。女性の容姿に限らず、風情ある自然などに対しても使われます。

訳語

しっとり華やか、エレガント

①優美だ

イメージ変換ワード

円

優美だ

例文

①おほかたの空も艶なるにもてはやされて、不断の御読経（みどきやう）の声々、あはれまさりけり。（紫式部日記）

訳 空一帯も優美であるのに引き立てられて、（僧たちの）絶え間ないお経の声も、いっそうしみじみとした。

かぐや姫のワンポイントアドバイス

「艶やかで華やかな美しさ」は、髪がしっとりキラキラしていて、着物はパッと色鮮やかな感じよ。……あれ？　これって私？

関連語

類 あてなり【貴なり】（形動）→P.74

類 いうなり【優なり】（形動）→P.90

類 なまめかし【生めかし・艶めかし】（形）→P.53

おこなひ ★★

【行ひ】名

現代語の意味と同様に、「行動」という意味もありますが、「仏道修行」の意味が重要です。

訳語

①仏道修行

仏道修行の行い

イメージ変換ワード

行い

仏道修行

例文

①などて、多くの年月をいたづらにて臥し起きしに、おこなひをも物詣でをもせざりけむ。（更級日記）

訳 多くの年月を無為に寝起きしている間に、どうして仏道修行もお参りもしなかったのだろう。

『更級日記』は、菅原孝標女が十三歳から五十二歳までの回想を書いた日記。晩年に熱心に参詣するようになった。

かぐや姫のワンポイントアドバイス

究極の「おこなひ（修行）」として、「千日回峰行」や「即身仏」というものがあるけど、あまりにもすさまじくて……興味があったら調べてみて。

関連語

1 おこなふ【行ふ】（動）仏道修行をする

010

かきくらす ★

【掻き暗す】動・サ行四段

もともとは「空一面を暗くする」という意味で、自然に対して使われました。それが、人の心の悲しみを表すようになりました。

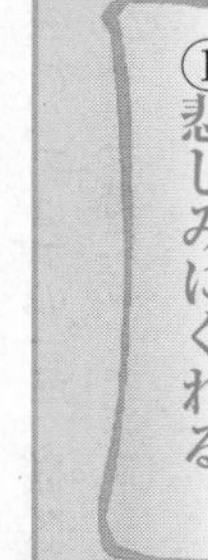

訳語

①悲しみにくれる

例文

①かかる仰せ言につけても、かきくらす乱り心地になむ。（源氏物語）

訳 このような（帝のありがたい）お言葉につけても、悲しみにくれる取り乱した気持ちで（ございます）。

桐壺更衣が亡くなった際に、桐壺更衣の母が帝に送った手紙の内容。

イメージ変換ワード

柿、暮らす

かぐや姫のワンポイントアドバイス

愛する人を亡くすなど、とても深い悲しみの場面で使われるわ。

学習ポイント

雲や雨が「空を暗くする」という意味もあるが、その場合も、暗い情景そのもので登場人物の悲しみを表すことが多い。

かたみに ★

【互に】副

もともとは「片身に」からできた言葉です。一つのことを、二人で別々にするというのが原義です。

訳語

① 互いに

お互いに、かわるがわる

イメージ変換ワード

肩、ミニ

例文

①水鳥、鴛鴦(をし)いとあはれなり。かたみに居(ゐ)かはりて、羽の上の霜(しも)払ふらむほどなど。(枕草子)

訳 水鳥では、おしどりがとてもしみじみと味わいがある。(雌雄が)互いに代わり合って、(相手の)羽の上の霜を払ってやるところなど。

『枕草子』の「鳥は」の一節。様々な鳥の論評があるが、清少納言は特にほととぎすがお気に入りだった。

かぐや姫のワンポイントアドバイス

「かたみに」が和文で使われたのに対し、「たがひに」は、同意語の漢文訓読文で使われたのよ。

関連語

同 たがひに【互ひに】(副)
互いに、それぞれに

かち ★★

【徒歩・徒】名

乗り物を使わずに、歩いて行くことです。手段・方法を表す格助詞「より」が付いた「かちより（＝徒歩で）」の形でよく使われます。（→参考）

訳語

①徒歩

徒歩で行くこと

例文

①かちの者どももうちまじれり。（増鏡）

訳 徒歩の人たちも入り混じっていた。

参考 ある時思ひ立ちて、ただひとり、かちよりまうでけり。（徒然草）

訳（仁和寺にいる法師が）ある時決心して、ただ一人で歩いて（石清水へ）参詣した。

かぐや姫のワンポイントアドバイス

東京の「御徒町」の地名は、江戸時代の徒侍（＝徒歩で主人のお供をした下級武士）からきているんですって。

関連語

類 ありく【歩く】（動）1 動きまわる 2［補助動詞として］～してまわる

イメージ変換ワード

勝ち

〜（の）がり ★

【許】接尾語

訳語

①〜のもとへ

誰かのところへ

接尾語として他の語につき、「〇〇のもとへ」という意味になります。「人のがり（＝人のもとへ）」で覚えましょう。

例文

①さしたる事なくて人のがり行くは、よからぬ事なり。（徒然草）

訳 大した用事もないのに人のもとへ行くのは、よくないことである。

この段では、「用事があっても長居（ながい）をするのはよくない」としながらも、「気の合う人とのんびり話すのはよいものだ」などと人との付き合い方について述べている。

イメージ変換ワード

ガリッ

飼い主 のもとへ

かぐや姫のワンポイントアドバイス

「がり」の後には、「行く」「通ふ」のような、移動を表す動詞が続くことが多いわ。

かる ★

【離る】動・ラ行下二段

距離、時間、あるいは精神的に隔たりができることで、「離れる」「疎遠になる」という意味です。

距離や心が離れてしまう

訳語

①離れる

イメージ変換ワード

刈る

例文

①山里は 冬ぞさびしさ まさりける 人目(ひとめ)も草も かれぬと思へば（古今和歌集・百人一首）

訳 山里は、冬は一段とさびしさがまさるなあ。人の訪れも遠ざかり、草も枯れてしまったと思うと。

「かれ」は、「離(か)れ」と「枯れ」の掛詞になっている。

かぐや姫のワンポイントアドバイス

「よがれ【夜離れ】」は、男性が女性のもとへ通わなくなってしまうことを表すわ……。

関連語

対 すむ【住む】（動）通う

かる【枯る】（動）草木が枯れる

きこえさす ★

【聞こえさす】 敬動・サ行下二段

訳語

①申し上げる 謙
（お）～申し上げる
［謙の補動］

「言ふ」の謙

「言ふ」の謙譲語で、補助動詞としての用法もあります。「きこゆ」に使役の助動詞「さす」がついたもの。「（誰かに）申し上げさせる」意味から、「申し上げる」意味でも使われるようになりました。

例文

①人に聞かすまじと侍りつることをきこえさせむに、いかが侍るべき。（源氏物語）

訳 他の人に聞かせてはならないと（お言葉が）ございましたことを申し上げたいのですが、どういたしましょうか。

関 この内侍（ないし）帰り、このよしを奏す。（竹取物語）

訳 この内侍（＝帝に仕える女官）は（宮中に）帰り、このことを（帝に）申し上げる。

イメージ変換ワード

気功、エサ（気功師がエサ）

かぐや姫のワンポイントアドバイス

謙譲の補助動詞は、動詞に付いて「～し申し上げる」や「お～申し上げる」など謙譲の意味を加えるのよ。

関連語

1 きこゆ【聞こゆ】（動）（敬動）→P.172

類 まうす【申す】（敬動）1申し上げる 2お～申し上げる

類 そうす【奏す】（敬動）（天皇・上皇に）申し上げる

類 けいす【啓す】（敬動）（皇后・皇太子などに）申し上げる

くんず

【屈ず】動・サ行変格

もともとは「屈す」でした。
「相手に屈することで、気がめいる」と覚えましょう。
「思ひくんず」の形でも出てきます。

訳語

心が屈する

①気がめいる・心が沈む

イメージ変換ワード

～君

例文

①かくのみ思ひくんじたるを、（中略）母、物語などもとめて見せ給ふに、げにおのづから慰みゆく。（更級日記）

訳（私が）このように心が沈んでばかりいるのを、母が、物語などを探し求めて見せてくださるので、なるほど自然と心が慰められてゆく。

かぐや姫のワンポイントアドバイス

平安時代は「っ」を書かないで「ん」と表記したの。それで読み方も「クッス」から「クンズ」に変化したのよ。

こころにくし ★★

【心憎し】形・ク

訳語

①奥ゆかしい

憎いぐらいに、奥ゆかしい

憎いと思うほど相手がすばらしいということで、プラスの意味を表します。控えめで上品な様子です。

例文

①忍びやかに、心にくき限りの女房、四五人さぶらはせたまひて、御物語せさせたまふなりけり。（源氏物語）

訳（帝は）こっそりと、奥ゆかしい女房ばかりを四、五人お仕え申し上げさせなさって、お話をさせなさるのであった。

平安時代は、人格や教養の高さ、落ち着いた雰囲気のある様子が奥ゆかしく、好ましいとされた。

イメージ変換ワード

こころ（夏目漱石※）、肉

かぐや姫のワンポイントアドバイス

現代でも、「心憎い振る舞い（＝すばらしい振る舞い）」など、プラスの意味で使われることがあるわよね。

関連語

1にくし【憎し】（形）1不快だ　2見苦しい

※夏目漱石の代表作である『こころ』より

こしをれ（うた）

【腰折れ（歌）】名

歌とは和歌のことで、上の句と下の句のつながりが下手な和歌や、自分の和歌を謙遜（けんそん）するときにも使われます。

つながりの悪い、下手な和歌

訳語

①下手な歌

イメージ変換ワード

腰、折れ（腰が折れる）

例文

①こしをれうた好ましげに、若やぐ気色（けしき）どもは、いとうしろめたうおぼゆ。（源氏物語）

訳 下手な歌を風流だと思って、若々しく振る舞う人たちの様子は、とても気がかりに思われる。

「うしろめたう」は、「うしろめたし」の連用形「うしろめたく」のウ音便。

かぐや姫のワンポイントアドバイス

和歌の第三句を「腰の句（腰句（ようく））」と言うの。そこから、上の句と下の句のつながりがよくないことを「こしをれ」と言うようになったのよ。

関連語

1 こしをれぶみ【腰折れ文】（名）下手な文

こはし ★

【強し】形・ク

「堅い」という意味もあり、「おこわ」（もち米を蒸したもの）の語源になっています。他に「頑固だ」「堅苦しい」などの意味もありますが、いずれも「強い」という意味から派生したものです。

訳語

①強い

堅くて強い！

イメージ変換ワード

壊し

例文

①勢ひありとて頼むべからず。こはきもの、先づほろぶ。（徒然草）

訳 権勢があるからといって、頼みにすることはできない。強い者ほど、先に滅びる（からである）。

例文は「万の事はたのむべからず」の段。ゆったりした心で、おおらかに生きるのがよいという人生観が述べられている。

かぐや姫のワンポイントアドバイス

現代語の「怖い」という意味で使われるようになったのは、室町時代からよ。

020

さすがに ★★

副

直前の事実を一応認めるものの、それとは異なる内容を表現するときに使われます。逆接の意味を表します。

訳語

①そうはいってもやはり

それは一応、認めるが……

イメージ変換ワード

刺す、カニ

例文

①御返りさすがに憎からず聞こえ交はし給ひて、（中略）御歌をよみてつかはす。（竹取物語）

訳（かぐや姫も）ご返事は、そうはいっても（＝思し召しに背いたといっても）やはり、情をこめてやりとり申し上げなさって、（帝は）御歌を詠んでお遣わしになる。

かぐや姫のワンポイントアドバイス

現代語の「さすが○○さん！」などのように感心を表すのではなく、逆接を表すのよ。

関連語

類 なほ【猶・尚・直】（副）→P.440

しほたる

【潮垂る】動・ラ行下二段

海水で袖が濡れて、しずくが垂れる様子が元の意味です。そこから、涙で袖が濡れる（＝泣く）意味へと広がりました。

ぐっしょり濡れる

訳語

①涙を流す

イメージ変換ワード

潮

例文

①いと悲しうて、人知れずしほたれけり。（源氏物語）

訳（明石の君は）とても悲しくて、ひそかに涙を流したのだった。

関（中略）袖をぬらさぬといふたぐひなし。（蜻蛉日記）

訳（人情を知っている人は、）泣かないという人はいない。

かぐや姫のワンポイントアドバイス

その他にも、涙や泣くことに関係する意味で使われていた言葉はたくさんあるわ。「袖の露」「袖の雫」は、袖にかかる涙。「袖を濡らす」は、泣くという意味になるの。

関連語

同 そでをぬらす【袖を濡らす】（連語）泣く

そらごと ★

【空言・虚言】名

「空」は何もない空虚な状態で、「言」は言葉です。ここから、「空虚な言葉＝うそ」を意味します。

空虚な言葉

訳語

①うそ

イメージ変換ワード

空、琴

例文

①かくあさましきそらごとにてありければ、はやとく返したまへ。（竹取物語）

訳 このようにあきれはてたうそであったので、（皇子に）さあ早くお返しください。

例文は、庫持の皇子が持参した蓬萊の珠の枝（金銀、白の玉でできている枝）が、偽物だとわかった場面。

かぐや姫のワンポイントアドバイス

「空言」「虚言」のどちらの漢字もテストで問われるわ。

関連語

1 そらね【空寝】（名）たぬき寝入り

たまはる ★

【賜はる・給はる】

敬動・ラ行四段

訳語

①いただく 謙

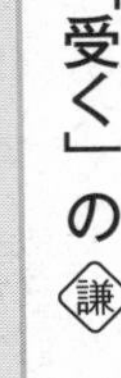

「受く」の謙譲語です。尊敬の動詞「たまふ（＝お与えになる）」の未然形に受身の助動詞「る」が付いて、一語になったものです。

例文

①千余日に力を尽くしたること少なからず。しかるに禄（ろく）いまだ**賜はら**ず。（竹取物語）

訳 千日あまり力を尽くしたことは少しではない。ところが、ごほうびをいまだ**いただいて**いない。

蓬莱（ほうらい）の玉の枝（え）を作ったという職人たちがこのように翁に訴えたことで、庫持（くらもち）の皇子（みこ）が持ってきた蓬莱の枝はつくりものだとわかってしまった。

イメージ変換ワード

玉、割る

いただく

祝

かぐや姫のワンポイントアドバイス

謙譲語の「うけたまはる（＝いただく、お聞きする）」は、「受く」に「たまはる」が付いてできた語よ。

関連語

[1] **うけたまはる【承る】**（敬動）
1いただく　2お聞きする

[2] **たまふ【給ふ・賜ふ】**（敬動）
→P.254

つごもり ★

【晦・晦日】名

「月籠（つきご）もり」が短くなったもので、月が欠けて見えなくなる月末（下旬や末日）を表します。

訳語

①月末

月籠り＝月末

例文

①三月（やよひ）のつごもりなれば、京の花、盛りはみな過ぎにけり。（源氏物語）

訳（陰暦）三月の月末なので、京の桜の花は、盛りはすべて過ぎてしまった。

関四月の晦、五月の朔日のころほひ、橘（たちばな）の葉の濃く青きに、（枕草子）

訳（陰暦の）四月末、五月のはじめ頃に、橘の葉が濃く青いときに、

イメージ変換ワード

都合

かぐや姫のワンポイントアドバイス

特に十二月の末日のことを「おほつごもり【大晦日】」というわ。

関連語

対ついたち【朔日】（名）月の初め

とみに

【頓に】副

訳語

①急に

素早い!

「頓知(=即座に働く知恵)」などの「頓」が変化したものです。間をおかず、すばやいことを表します。形容動詞形は、「とみなり」です。

イメージ変換ワード

富に

例文

①「何とか、これをば言ふ」と問へば、とみにも言はず、「いさ」。(枕草子)

訳 「これ(=草)は、何というの」と質問すると、(子ども達は)すぐには答えず、「さあ」。

例文のように、打消の語を伴うことが多く、「すぐには(~ない)」という意味になる。

かぐや姫のワンポイントアドバイス

「とみのこと(=急なこと)」という形でも使うわよ。

関連語

1 とみなり【頓なり】(形動)
急だ

なまめかし ★★

【生めかし・艶めかし】

形・シク

動詞「なまめく」が形容詞になった語です。みずみずしく、上品で落ち着いた美しさを表します。

みずみずしい美しさ

訳語

①優美だ

イメージ変換ワード

生（なま）、目（刺身の目）

例文

①なまめかしきもの。ほそやかに清げなる君達（きんだち）の直衣（なほし）姿。（枕草子）

訳 優美なもの。ほっそりして美しい貴公子の直衣（のうし）（＝平服）姿。

関 いたくよしめき、なまめきたれば、（源氏物語）

訳 （柏木（かしわぎ）は）すばらしく趣があるように見せて、優美であるので、

かぐや姫のワンポイントアドバイス

外面だけでなくて内面的な美しさも表していて、平安時代において第一級のほめ言葉だったの。

関連語

1 なまめく【生めく・艶く】（動）優美だ

類 いうなり【優なり】（形動）→P.90

類 えんなり【艶なり】（形動）→P.35

ねたし【妬し】形・ク ★

優れている相手に対して、ひけ目を感じる気持ちや、しゃくにさわる気持ちを表します。

訳語

①にくらしい・いまいましい

優れていて、いまいましい

例文

①鋤などひき下げて、ただ掘りに掘りて去ぬるこそ、わびしうねたけれ。（枕草子）

訳 鋤などを引き下げて来て、（草木を）片っ端から掘って持っていくのは、やりきれなくにくらしい。

身分の高い人が、きれいな草花が咲いていると知ると家来にそれを持ってくるよう命じ、自分のところに植えてしまうことがあった。

イメージ変換ワード

寝た

かぐや姫のワンポイントアドバイス

自分自身のダメさ加減に対して腹立たしい、という場合にも使われるわ。

のたまふ ★

【宣ふ】敬動・ハ行四段

読み方は「ノタモー」または「ノタマウ」。「言ふ」の尊敬語です。

「言ふ」の尊

訳語

①おっしゃる 尊

イメージ変換ワード

乗った、もう（すでに乗った）

例文

①かぐや姫のたまふやうに違はず作り出でつ。（竹取物語）

訳 かぐや姫がおっしゃるように、（寸分）違わず（蓬莱の玉の枝を）作り出した。

関 泣く泣く契りのたまはすれど、（源氏物語）

訳（帝は桐壺更衣に）泣きながら約束しおっしゃるけれども、

かぐや姫のワンポイントアドバイス

同義語の「のたまはす」は、「のたまふ」よりもさらに敬意が高くて、天皇や皇后に対して使われるわ。

関連語

同 のたまはす【宣はす】（敬動）

ひとわろし

【人悪し】形・ク

訳語

①みっともない

人に見られて、みっともない

この場合の「ひと」は他人のことで、人から見られてよくない状態を表します。

かぐや姫のワンポイントアドバイス

「人の性質が悪い」という意味ではないので注意してね。

イメージ変換ワード

人悪し

例文

①烏帽子（えぼし）のさまなどぞ、すこしひとわろき。（枕草子）

訳 烏帽子の様子などが、少しみっともない。

烏帽子は、元服（げんぷく）した男性の帽子。貴族は正装のときは冠を被り、平服のときに烏帽子を用いた。当時、人前で頭頂部を出すのは非常に無作法とされた。

ひなぶ ★

【鄙ぶ】動・バ行上二段

訳語

①田舎めく

都会から離れた田舎風

「ひな」は、田舎という意味で、それが動詞になったものです。

イメージ変換ワード

ヒナ

田舎めく

例文

①歌さへぞ、ひなびたりける。（伊勢物語）

訳（その女は）歌までもが、田舎めいていたのだった。

関梅の花 夢に語らく みやびたる 花と我思ふ 酒に浮かべこそ（万葉集）

訳梅の花が夢で語るには、「（私は）上品な花だと思う、酒に浮かべてほしい」（と）。

かぐや姫のワンポイントアドバイス

昔は、都以外の地方は、すべて田舎とみなされていたのよ。

関連語

対みやぶ【雅ぶ】（動）１都会風だ　２上品だ

まだき【未だき】副

訳語

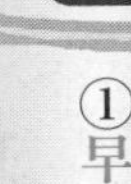

①早くも

まだ時期じゃないのに

形容詞「まだし（＝まだ早い）」の連体形が副詞になったもので、まだその時期ではないのに、という意味です。

イメージ変換ワード

まだ、木

例文

①我が袖に まだき時雨の 降りぬるは 君が心に秋や来ぬらむ（古今和歌集）

訳 私の袖に早くも時雨（のように涙）が降ってしまったのは、あなたの心に秋（＝飽き）が来てしまったからではないだろうか。

「秋」と「飽き」が掛詞。

かぐや姫のワンポイントアドバイス

「まだきに」「まだきも」の形で使われることもあるわ。

関連語

1 まだし【未だし】（形） →P.443

2 いまだし【未だし】（形）

1未熟だ　2まだ早い

まもる ★★

【守る】動・ラ行四段

語源は「目守る」です。目でじっと見つめることを表します。

じっと見つめる

訳語

①見守る・見つめる

イメージ変換ワード

守る（守備）

見守る・見つめる

例文

①おもてをのみまもらせ給うて、ものものたまはず。（大和物語）

訳（帝は鷹を逃がした男の）顔だけをお見つめになって、何もおっしゃらない。

関 一事も見もらさじとまぼりて、（徒然草）

訳（祭りの行列を）一事も見逃すまいと見つめて、

関連語

同 まぼる【守る】（動）

かぐや姫のワンポイントアドバイス

現代語の「守る」という意味もあるけど、重要なのは「見守る」という意味よ。

みそかなり ★

【密かなり】 形動・ナリ

現代語の「ひそか」と同じ意味で、人に知られないように何かをする様子を表します。

訳語

①こっそりと

人に知られないように……

例文

①いとかしこくたばかりて、難波にみそかにもて出でぬ。 (竹取物語)

訳 (庫持の皇子は) たいそう上手くごまかして、難波 (の港) にこっそりと (蓬莱の玉の枝を) 運び出した。

この蓬莱の玉の枝は職人に作らせたものだが、本物を見つけたことにしようとこっそり運んでいる場面。

イメージ変換ワード

味噌、かなり

かぐや姫のワンポイントアドバイス

連用形「みそかに」の形でよく出てくるわ。

関連語

同 しのぶ【忍ぶ・偲ぶ】(動)

→P.222

めでたし ★★

形・ク

訳語

①すばらしい

はなはだしくほめるべき

「愛で甚し」から生じた言葉で、はなはだしくほめるべきだ、というのが語源です。

かぐや姫のワンポイントアドバイス

現代語の「めでたい（＝祝うべきだ）」という意味は、鎌倉時代以降にできたのよ。

関連語

1めづ【愛づ・賞づ】（動）→P.446

イメージ変換ワード

芽、出た

例文

①御門、なほめでたく思しめさるることせき止めがたし。（竹取物語）

訳 帝は、やはり（かぐや姫を）すばらしいとお思いになる気持ちを抑えがたい。

「思しめさるる」は、敬語動詞「思しめす」の未然形＋尊敬の助動詞「る」の連体形。このような二重敬語（最高敬語）は帝や中宮に対して使われるが、現代語に訳すときは「お思いになられる」ではなく「お思いになる」が正しい。

副 やはら ★

やわらかく物音を立てず、静かに行動する様子を表します。

シーッ、静かに……

訳語

①そっと・静かに

例文

①妻戸(つまど)を、やはら、かい放つ音すなり。（堤中納言物語）

訳 妻戸を、そっと開(あ)け放す音がするようだ。

「妻戸」は、両開きの扉のこと。

関 谷の底に鳥の居るやうに、やをら落ちにければ、（宇治拾遺物語）

訳 谷の底に鳥が降りるように、そっと落ちたので、

イメージ変換ワード

柔らかい

関連語

同 やをら（副）

かぐや姫のワンポイントアドバイス

同じ意味の語に、「やをら」があるわ。これは、現代語でも「やおら立ち上がる」などと使われているわ。

よう い ★

【用意】名

「意」は「心」のことです。心を用いるということから、「気配り」を表します。

心を用いた気配り

訳語

①気配り

例文

①いささかのひまなく用意したりと思ふが、つひに見えぬこそかたけれ。（枕草子）

訳 少しの隙(すき)もなく気配りしていると思う人が、最後まで（欠点を）見せないということはめったにない。

『枕草子』「ありがたきもの（＝めったにないもの）」の一節。

イメージ変換ワード

用意

用意！

気配り

おしぼりどうぞ

かぐや姫のワンポイントアドバイス

現代語と同じ「準備」の意味もあるけど、あまり使われないわね。

関連語

類 いそぎ【急ぎ】（名）1急ぐこと　2準備

類 まうけ【設け・儲け】（名）1準備　2ごちそう

037

らうたし ★★

形・ク

訳語

①かわいい

いたわりたいかわいらしさ

読み方は「ロウタシ」。「労甚し（らういたし）」が短くなったものです。弱くて無力なものを、どれだけ苦労してでも守ってあげたいという気持ちを表します。女性や子どもなどを対象に使われることが多いです。

例文

①あからさまに抱き（いだき）て遊ばし愛しむ（うつくしむ）ほどに、かいつきて寝たる、いとらうたし。（枕草子）

訳（赤ん坊を）ちょっと抱いて遊ばせてかわいがるうちに、抱きついて寝てしまったのは、たいそうかわいらしい。

『枕草子』「うつくしきもの（＝かわいらしいもの）」の一節。

イメージ変換ワード

ロウ、足し

かわいい

かぐや姫のワンポイントアドバイス

もともとは、いたわりたいぐらい「かわいそうだ」というのが原義で、その意味で使われることもあるわ。

関連語

同 うつくし【愛し・美し】（形）→P.110

038

われか ★

【我か】 連語

「我か人か」が省略されたもので、呆然自失（＝あっけにとられ、我を失うこと）の状態を表します。

訳語

①呆然とする

自分を見失う

例文

①汗もしとどになりて、われかの気色なり。（源氏物語）

訳 汗もびっしょりになって、呆然とした様子である。

関 我か人かにて、おさへひかへ騒ぐまに、（蜻蛉日記）

訳（侍女たちが）我を忘れて取り乱した様子で、（御簾を）押さえ引きして騒いでいる間に、

かぐや姫のワンポイントアドバイス

自分なのか他人なのかわからないぐらい、心が乱れているということよ。

関連語

同 われかひとか【我か人か】（連語）

イメージ変換ワード

我か…

呆然とする

あいなし ★★

【愛無し・合無し】形・ク

語源は「愛無し」あるいは「合ひ無し」など諸説あります。愛がない不快感や、不調和から来る不快感を表します。マイナスイメージの単語です。

自分と合わない不快感

訳語

①不愉快だ

②つまらない

③むやみに

イメージ変換ワード

愛なし

学習ポイント

③は、連用形「あいなく」「あいなう」の形で使われ、「むやみに」「わけもなく」という意味の修飾語になる。

①上達部、上人なども、あいなく目をそばめつつ、いとまばゆき人の御おぼえなり。（源氏物語）

訳 上達部や殿上人なども、不快げに目をそむけながら、とても見ていられないほどの（帝から桐壺更衣への）ご寵愛である。

②世に語り伝ふること、まことはあいなきにや、多くはみな虚言なり。（徒然草）

訳 世の中に語り伝えていることは、真実ではつまらないのであろうか、多くはみなうそである。

③愛敬おくれたる人などは、あいなくかたきにして、御前にさへぞ、あしざまに啓する。（枕草子）

訳 可愛らしさのない人などは、むやみに（藤原行成を）敵視して、中宮様にまで、（行成のことを）悪く申し上げる。

私なんか、たくさんの人に求愛されてはいるけれど……、お金持ちでも、あいなき男性（つまらない男性）ばかりで、ウンザリ。

関連語

類 あぢきなし【味気なし】（形）
→ P.394

類 あやなし【文無し】（形）
→ P.397

040

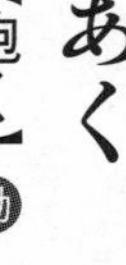

★★

あく

【飽く】 動・カ行四段

訳語

①満足する

②飽きる

満ち足りて……ウ～ン、もう満足

満足した気持ちを表しますが、その度が過ぎて、飽きた状態も表します。打消の助動詞が付いた「あかず（＝満足しない、飽きない）」の形で、よく出てきます。

イメージ変換ワード

悪（悪魔）

学習ポイント

「あく」は、肯定的な意味（満足する）と否定的な意味（飽きる）がある。そのため、「あく」に打消の語が付いた「あかず」も、否定・肯定どちらの意味も持つ。

①帝、かぐや姫をとどめて帰りたまはむことを、**あかず**口惜しく思(おぼ)しけれど、魂をとどめたる心地してなむ、帰らせたまひける。（竹取物語）

訳 帝は、かぐや姫を残してお帰りになることを、**満足し**ないで残念にお思いになったが、魂を（かぐや姫の所に）とどめている気持ちで、お帰りになった。

②まそ鏡 手に取り持ちて 朝(あさ)な朝(さ)な 見れども君は **飽く**こともなし（万葉集）

訳 澄んだ鏡を手に持って毎朝見るのと同様、あなたを（見）**飽きる**ことがありません。

関 **飽かなくに** まだきも月の 隠るるか 山の端(は)逃げて 入(い)れずもあらなむ（古今和歌集・伊勢物語）

訳 **まだ**（月を眺めるのに）**満足していないのに**、もう月は隠れるのか。山の端(はし)は逃げて、（月を）入れないでほしい。

かぐや姫のワンポイントアドバイス

「あかぬ別れ」は、「名残惜しい別れ」という意味よ。私もおじいさんとのお別れは、胸が張り裂けるほどの「あかぬ別れ」でした。

関連語

1 **あかず【飽かず】**（連語）→P.392

2 **あかなくに【飽かなくに】**（連語） 1満足しないのに 2名残惜しいのに

類 **さうざうし**（形）→P.198

あくがる ★

【憧る】動・ラ行下二段

「あく」は場所、「がる」は離れる（離る）という意味です。体や心が、本来あるべき場所からフラフラと離れている状態のことです。

フラフラと、もとの場所を離れる

訳語

①さまよい歩く

②うわの空になる

イメージ変換ワード

悪、狩る

学習ポイント

体がもとの場所を離れたら①の「さまよい歩く」、心や魂が体を離れたら②の「うわの空になる」の意味になる。

例文

①都を出でて、嵯峨の方へぞあくがれゆく。（平家物語）

訳 都を出て、嵯峨の方へさまよい歩いていく。

平重盛の家臣である斎藤滝口時頼は、雑仕（＝女性の召使い）の横笛という女性と恋をする。しかし、身分違いであることから父親に猛反対され、出家を決意する。例文は、それを知った横笛が、時頼（＝滝口入道）に会うため嵯峨（現在の京都市右京区）へと向かう場面。

②心もあくがれ、めでたくあはれなること、たぐひなくおぼゆ。（枕草子）

訳 （月が明るいときは）心もうわの空になり、素晴らしくてしみじみした趣があることは、匹敵するものがなく思われる。

『枕草子』は平安時代中期に成立した、清少納言による随筆。鋭敏な美意識で自然や人間関係、宮中での出来事を綴っている。

清少納言は中宮定子に仕えていたが、やがて定子は権力争いに巻き込まれて没落し、二十四歳の若さで亡くなってしまう。『枕草子』では、定子が最も輝いていた時期だけが描写されている。そこに、清少納言の定子に対する深い愛情が読み取れる。

「あこがれる」と訳さないように！ 現代語とは異なる意味で用いられる「古今異義語」ね。

うわの空になる状態から、現代の「あこがれる」という意味ができたのよ。

あさまし ★★

形・シク

訳語

①意外なことに驚く

②情けない・見苦しい

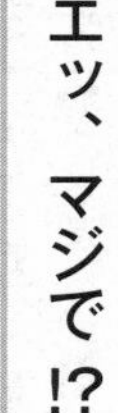

もともとは「あさむ（＝驚く）」という動詞が形容詞になったもの。①の意味は善悪の両方に使われます。②の意味は、現代語の「あさましい（＝卑しい）」とはニュアンスが少し異なるので注意しましょう。

イメージ変換ワード

浅間山

学習ポイント

①も、悪い意味を表すことが多い。「驚きあきれる」という訳語もよく使われるが、この訳語は悪い意味だけでなく、よい意味のときにも使える。

例文

①かかる人も世に出でおはするものなりけりと、あさましきまで目を驚かしたまふ。（源氏物語）

訳このような（美しい）人も、世にお生まれになるものであるなあと、驚くまでに目を見張りなさる。

②もののあはれも知らずなりゆくなん、あさましき。（徒然草）

訳ものの情趣も理解しなくなっていくことは、（まことに）情けない（ことである）。

関人々見ののしり、あさみ騒ぎ合ひたり。（宇治拾遺物語）

訳人々は、見て大騒ぎをし、驚き呆れてやかましく言い合った。

関終(つひ)にいとあさましくならせたまひぬ。（増鏡）

訳ついに本当にお亡くなりになられた。

かぐや姫のワンポイントアドバイス

時代が下ると、悪い意味で使われることが多くなり、現代語の「あさましい」と同じ意味になったのよ。

関連語

1あさむ（動）1驚く　2呆れる

2あさましくなる（連語）死ぬ

あてなり ★★

【貴なり】 形動・ナリ

訳語

①高貴だ

②上品だ

まさに貴族！

「貴(あて)なり」の漢字で覚えましょう。まさに貴族のイメージですね。身分の高さや、内面的な品格を表します。

イメージ変換ワード

当て（ドッジボール）

学習ポイント

「あてなり」は、同意語の「あてやかなり」「あてはかなり」より、ワンランク上の表現。

① 一人はいやしき男の貧しき、一人はあてなる男持たりけり。（伊勢物語）

訳（姉妹のうち）一人は身分が低い男で貧しい男を、もう一人は身分の高い男を（夫として）持っていた。

② あてなるもの。（中略）水晶の数珠。藤の花。梅の花に雪の降りかかりたる。（枕草子）

訳 上品なもの。水晶の数珠。藤の花。梅の花に雪が降りかかっている眺め。

関 いとあてやかに清げなるかたちして、（源氏物語）

訳（柏木は）とても上品で美しい容貌をしていて、

関 心うつくしく、あてはかなることを好みて、こと人にも似ず。（伊勢物語）

訳（紀有常は）心が立派で、上品なことを好んで、他の人とは違っている。

かぐや姫のワンポイントアドバイス

「やむごとなし」が皇族などの最上級の高貴さを表すのに対して、「あてなり」は、一般的な貴族の高貴さを表すの。ちょっと親しみやすい感じもあるわ。

関連語

同 あてやかなり【貴やかなり】・あてはかなり【貴はかなり】（形動）

類 えんなり【艶なり】（形動）
→P.35

類 やむごとなし【止む事無し】（形）高貴だ
→P.366

044

あない ★

【案内】名

ひらがなは「あない」ですが、読み方は「アンナイ」。平安時代は「ん」を書かないのが一般的です。動詞形の「あないす」の形としても使われます。

訳語

①事情

②取り次ぎを頼むこと

こちらの事情や、あちらの事情

学習ポイント

現代語の「案内＝目的地へ導くこと」としないよう注意する。

例文

①かくとあない申して、かならず参り侍らむ。（大鏡）

訳 このようにと事情を申し上げて、必ず参上いたしましょう。

例文の「あない」は、「花山天皇とともに出家する」ということ。花山天皇に仕えていた藤原道兼は、「一緒に出家して弟子として仕える」と言っていた。しかし、いざ花山天皇が頭髪を剃って出家された際、道兼は、「父（兼家）に事情を伝えるため退出する」と言って逃げてしまった。花山天皇は、藤原兼家の策略によって出家することとなった。

②思し出づる所ありて、案内せさせて入り給ひぬ。（徒然草）

訳（私をお誘いになった方が）思い出された所があって、（従者に）取り次ぎを請わせてお入りになった。

『徒然草』「九月廿日の頃」の段。作者・兼好法師の理想的な女性について述べられている。例文は、兼好法師が身分の高い人物に誘われてともに歩いていた際、道中にその方が思い出された（関わりのあった人の）家があり、訪問する場面。（→「いうなり」例文②参照）

かぐや姫のワンポイントアドバイス

帝が家にお見えになったときは、さすがの私も心臓が止まるかと思ったわよ！私の知らぬ間に、あないされて（取り次ぎをお頼みになって）いたんですもの。

関連語

1 あないす【案内す】（動）1事情を尋ねる　2取り次ぐ

類 せうそこ【消息】（名）→P.240

あながちなり

【強ちなり】 形動・ナリ

★★

「あな（＝おのれ）」＋「勝ち」で、我を通すことが原義です。プラスの意味なら「一途だ」、マイナスなら「強引だ」となります。

我を通すのも、良し悪し

訳語

① 強引だ

② 一途だ

イメージ変換ワード

(ゴルフの) 穴、勝ち

学習ポイント

「あながちに」の形で、副詞として「むやみに」という意味になる。下に打消語があるときは、「決して（～ない）」、あるいは「必ずしも（～ない）」の二通りの意味がある。

例文

①父大臣(おとど)のあながちにし侍(はべ)りしことなれば、いなびさせ給はずなりにしこそ侍れ。（大鏡）

訳 父大臣が強引にしましたことなので、お断りになれなくなってしまったのでございます。

藤原詮子(せんし)は、弟の道長を支持していた。しかし、兄である大臣の道隆(みちたか)は、弟の道長よりも、自分の息子である伊周(これちか)を先に大臣にしてしまう。例文は、そのことに対して詮子が不満を述べている場面。

②あながちに、心ざしを見え歩(あり)く。（竹取物語）

訳 （貴公子たちは）一途に、愛情の深さを見せつけるように歩き回る。

かぐや姫の噂を聞いて世間の男性たちがやってきた。例文は、中でも五人の求婚者が、「かぐや姫を見たい」と、長い月日諦めずに翁の家の周りを歩き回っている様子。

かぐや姫の ワンポイントアドバイス

現代では「あながち～ない」という形で、「必ずしも～ない」という意味で使われているわよね。これももともとは「無理やりな」「強引な」という意味から来ているのよ。

関連語

類 せめて（副詞）→P.246

あはれなり ★★

形動・ナリ

訳語

①しみじみとした趣がある

②かわいい

③悲しい

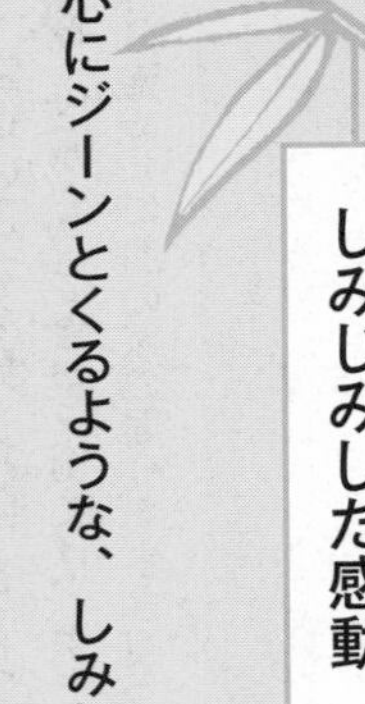

読み方は「アワレナリ」。心にジーンとくるような、しみじみとした感動を表します。喜び、悲しみ、いとしさなど、場面によって意味が異なる多義語です。

イメージ変換ワード

泡（シャボン玉）

悲しい

大丈夫？

学習ポイント

「しみじみとした趣」という意味を基本とするが、文脈によっては「かわいい」「悲しい」「すばらしい」「かわいそうだ」など、適した訳を考える必要がある。

①あやしき家に夕顔の白く見えて、蚊遣火ふすぶるもあはれなり。（徒然草）

訳 みすぼらしい家に、夕顔の花が白く見えて、蚊遣火がくすぶっているようすも、しみじみとした趣がある。

「蚊遣火（かやりび）」は、蚊を追い払うためにいぶした火のこと。

②あはれなる人を見つるかな。（源氏物語）

訳 かわいい人を、見たものだなあ。

③いとはかなうものし給ふこそ、あはれにうしろめたけれ。（源氏物語）

訳 とても頼りなくていらっしゃることが、悲しくて気がかりだ。

関 あはれ紅葉を焼かむ人もがな（徒然草）

訳 ああ、誰か紅葉を燃やして（酒を温めてくれる）人がいたらなあ。

かぐや姫の ワンポイントアドバイス

もともとは、感動したときに発する「ああ〜！」「はれ〜！」から出来た語よ。殿様の「アッパレ！」の語源にもなっているの。『源氏物語』は「もののあはれ（しみじみとした情趣）」の文学と言われているわ。

関連語

1 あはれ（感動詞）ああ

類 をかし（形）→P.388

047

あやし ★★

【怪し・賤し】 形・シク

不思議で理解できない

訳語

① ［怪し］ 不思議だ

② ［賤し］ 身分が低い

③ ［賤し］ みすぼらしい

自分とあまりにも異なるものに対し、理解できずに不思議に思う気持ちを表します。②と③の意味は、貴族の視点から見ると一般庶民の生活が理解できないということから生まれました。

イメージ変換ワード

彩、師（彩ちゃんの師匠）

学習ポイント

現代語の「怪しい（＝不審だ）」とは、意味が少し異なるので注意。

①盗人、あやしと思ひて、連子よりのぞきければ、若き女の死にて臥したるあり。（今昔物語集）

訳 盗人は、不思議に思って、連子窓からのぞいたところ、若い女で死んで横たわっているのがいる。

②あやしき下臈なれども、聖人の戒めにかなへり。（徒然草）

訳 身分が低い、いやしい者であるが、（その言葉は）聖人の訓戒と合っている。

③花の名は人めきて、かうあやしき垣根になむ咲きはべりける。（源氏物語）

訳 （夕顔という）花の名は人間らしくて、こうして粗末な垣根に咲いたのでございます。

関 高きいやしき人の住まひは、世々を経て、尽きせぬものなれど（徒然草）

訳 身分の高い人や、身分の低い人の住まいは、何代たってもなくならないものであるけれど、

かぐや姫のワンポイントアドバイス

「あやし」は、もともと「アヤッ？」と驚くことから来ているんですって。現代でも「アリャ？ 何だこれは」なんて言うわよね。おじいさんも、光る竹の中に私を見つけた時、もしかしたら「アヤッ？」と言って驚いていたかもしれないわね。

関連語

同 いやし【卑し・賤し】（形） 1身分が低い 2みすぼらしい

あやにくなり★

形動・ナリ

訳語

①不都合だ

②意地悪だ

あいにく……

「あや（感動詞）」と「憎し（形容詞）」が合わさった、「ああ、憎い」が語源です。自分にとって都合が悪いことを表します。今でも「あいにくの雨（＝都合の悪い雨）」などと言いますね。

イメージ変換ワード

彩、肉（彩ちゃんが肉）

学習ポイント

テストや入試では、②の意味に注意する。①の意味は現代語の「あいにく」と同様の意味を表すため、問題で問われにくい。

例文

①雨いとあやにくに、頭さし出づべくもあらず。（落窪物語）

訳雨はたいそう不都合なことに、（土砂降りで）頭をさし出すこともできない。

②帝の御おきてきはめてあやにくにおはしませば、この御子どもを、おなじかたにつかはさざりけり。（大鏡）

訳帝の（菅原道真に対する）ご処置は極めて意地悪でいらっしゃるので、このお子様たちを、（道真と）同じ方面におやりにならなかった。

菅原道真は、宇多天皇・醍醐天皇に仕えた政治家・学者・漢詩人である。醍醐天皇のとき右大臣に任じられたものの、左大臣（藤原時平）の中傷によって、九州の太宰権帥に左遷された。この左遷に際して詠んだ「東風吹かば」から始まる歌は有名。現在は「受験・学問の神様」として、全国の神社で祀られている。

関あやにくがりつるほどこそ、寒さも知らざりつれ、（枕草子）

訳（男性に対して）意地を張っていた間は寒さも気づかなかったが、

かぐや姫のワンポイントアドバイス

天気予報がはずれた、誕生日プレゼントがもらえなかった……というときに感じる気持ちのイメージね。自分の予想や期待通りにならず、ガッカリ・困ったという気持ちよ。

関連語

1あやにくがる（動）1意地を張る　2だだをこねる

あらぬ【有らぬ】 連体 ★★

訳語

①別の・違う
②意外な
③とんでもない

あら＋ぬ＝そうでない

動詞「あり」の未然形に、打消の助動詞「ず」の連体形がつき、連体詞になったものです。直訳すると「そうではない」となり、予想していなかった物事や期待を満たさない人のことを表します。

イメージ変換ワード

あらっ、ヌッ

学習ポイント

連体詞は、必ず体言（名詞）の直前にあり、体言を修飾（くわしく説明）する。

類義語の連体詞に、「さらぬ（＝別の・避けられない）」がある。

①「翁丸か」とだに言へば、喜びてまうで来るものを、呼べど寄り来ず。あらぬなめり。（枕草子）
訳「翁丸（＝犬の名前）か」とさえ言うといつも喜んでやって参りますのに、（この犬は）呼んでも寄って来ない。別の（犬）であるらしい。

②今日はその事をなさんと思へど、あらぬ急ぎまづ出で来てまぎれ暮らし、（中略）思ひよらぬ道ばかりはかなひぬ。（徒然草）
訳今日はその事をしようと思うが、思いがけない急用が、まず出てきて、それにまぎれて暮らし、思いがけない事だけはうまくいってしまう。

③今はあらぬ人の様に、うとましうぞおぼしめされける。（平家物語）
訳（八条女院は頼盛を）今はとんでもない人のように、うとましく思われた。

かぐや姫のワンポイントアドバイス

「あらぬ世」というと、「別世界・あの世」という意味になるわよ。私は、あらぬ世からやって来ました……。

関連語

類さらぬ【然らぬ】（連体）→P.210

あるじ★

【主・饗】名

訳語

①ごちそう

②もてなし

客人へのもてなし

もともとは「主（あるじ）」「主人」の意ですが、来客をもてなすのは主人の役目だったことから、「客人へのもてなし」の意が生まれました。

イメージ変換ワード

主人

学習ポイント

もともとの「主人」の意味でも使われるが、入試でよく出題されるのは「ごちそう」の意。

動詞の「あるじす」もあわせて覚えておきたい。

例文

①「いでや、月のあるじに酒ふるまはん」といへば、さかづき持て出でたり。（更科紀行）

訳「さあ、月見のごちそうに酒を振る舞おう」と（松尾芭蕉が）言うと、（主人は）盃を持って外に出てきた。

②さて仕（つか）うまつる百官の人々、あるじいかめしう仕うまつる。（竹取物語）

訳そこで（帝に）お仕え申し上げる多くの官人たちに、（翁は）もてなしを盛大にし申し上げる。

関方違（かたたが）へに行きたるにあるじせぬ所（枕草子）

訳方違えで行ったのに、ごちそうをしないところ（は興ざめだ）。

「方違へ」は、外出する際に目的地が「天一神」や「太白神」などがいる方角にある場合、災いを避けるために別の方角の家に泊まり、翌日方角を変えて目的地に向かうこと。陰陽道（おんようどう）がもとになった考え方。

かぐや姫の
ワンポイントアドバイス

平安時代では、白米は貴族だけしか食べられない「あるじ（＝ごちそう）」でした。肉や魚は、保存が効くよう干物にしたの。デザートやお酒もたしなんだわ。

関連語

1 あるじす【饗す】（動）もてなす

いうなり ★★

【優なり】 形動・ナリ

訳語

①優れている

②優雅だ

優雅で優れている

意味はまさに字のまま「優れている」「優雅だ」。しとやかで上品な様子を表します。

（成績の）優

学習ポイント

読み方は「ユウナリ」だが、ひらがな表記は「いうなり」。

「いうなり」が上品な美しさを表すのに対し、「えんなり」は、華やかで色っぽい美しさを表す。

①取るかたなく口惜しき際(きは)と、優なりとおぼゆばかりすぐれたるとは、数等しくこそはべらめ。（源氏物語）

訳 取り柄(え)がなくつまらない身分の者と、すばらしいと思われるほど優れている者とは、同じくらいの数がございましょう。

②なほ事ざまの優におぼえて、物のかくれよりしばし見ゐたるに、妻戸(つまど)を今少しおしあけて、月見るけしきなり。（徒然草）

訳 なおもその場の様子が優雅に思われて、物陰(ものかげ)からしばらく見ていたところ、（この家の主人は）妻戸をもう少し押し開けて、月を見ている様子である。

「妻戸」は、出入り口の両開きの戸のこと。

この家の主人である女性は、客人が去るのを見送った後、すぐ扉を閉めて家に入るのではなく、余韻を感じるように妻戸を開けて月を眺めていた。それを物陰から見ていた兼好法師は、誰かが見ているとは思ってもいない、この家の主人の優雅さは、常日頃からの心がけによるものなのだろう、と感心するのだった。

平安朝の才女といえば、やはり紫式部が筆頭ね。紫式部の『源氏物語』は、日本文学の最高傑作とも言われているわ。まさに「優なる女性」の代表、憧れます……。

関連語

類 **あてなり**【貴なり】→P.74

類 **えんなり**【艶なり】（形動）優美だ →P.35

類 **なまめかし**【生めかし・艶めかし】（形）→P.53

いかで【如何で】副 ★★

[疑問・反語]

①どうして

②なんとかして

どうして、何とかして

疑問・反語・願望を表します。疑問の場合は「どうして〜か」、反語は「どうして〜か、いや〜ない」と訳します。願望の場合は「なんとかして〜たい（よう）」。それぞれ、文脈によって判断しましょう。

イメージ変換ワード

イカで

学習ポイント

②の意味はよく出題されるので、例文とともに覚えておきたい。

①いかで月を見ではあらむ。　（竹取物語）

訳 どうして月を見ずにいられるだろうか、いや、いられない。

月からの迎えが来る日が近づいてきたと感じているかぐや姫が、月を見ては物思いに沈み、嘆き悲しんでいる場面。

②いかでこのかぐや姫を得てしがな、見てしがな。　（竹取物語）

訳 なんとかして、このかぐや姫を手に入れたいものだ、結婚したいものだ。

「てしがな」は、願望の終助詞。

関 見る人ありとは、いかでか知らん。かやうの事は、ただ朝夕の心づかひによるべし。　（徒然草）

訳 見ている人がいるとは、どうして知ろうか、いや知るはずはない。このような（優雅にふるまう）ことは、ただ平素の心がけによるものであろう。

下に「推量」や「疑問・反語」を表す語があれば「どうして」、下に「意志」や「願望」を表す語があれば「なんとかして」という意味になるわよ。

関連語

同 いかでか【如何でか】（連語）

053

いたづらなり ★★

【徒らなり】 形動・ナリ

訳語

①むだだ

②むなしい

③ひまだ

役に立たない虚無感

結果がむだになってしまうことを表します。「むだになる」という意味から、「むなしい」「ひまだ」という意味も出てきました。

イメージ変換ワード

いたずら

学習ポイント

「いたづらになる」は、死ぬという意味。古文では、「死ぬ」という直接的な表現を避けることが多い。

①（水車を）とかく直しけれども、つひにまはらで、いたづらに立てりけり。（徒然草）

訳（水車を）あれこれと直したけれども、とうとう回らないで、何の役にも立たずに立っていた。

②わが宿の花橘(はなたちばな)は、いたづらに散りか過ぐらむ、見る人なしに（万葉集）

訳私の家の庭の花橘は、むなしく散ってしまっているであろうか。だれも見る人がいないまま。

③船も出(い)ださで、いたづらなれば、ある人のよめる、
磯(いそ)ふりの 寄する磯には 年月を いつともわかぬ 雪のみぞふる（土佐日記）

訳船も出さないで、ひまなので、ある人が詠んだ（歌）、荒波の打ち寄せる磯には、年月がいつだともわからない雪だけが降ることだ。

かぐや姫のワンポイントアドバイス

現代でも「いたずらに（むだに）時間が過ぎる」という使い方をするわね。また、むだで役に立たない行動から、現代語の「イタズラ（悪戯）」という言葉も生まれたのよ。

関連語

1 **いたづらになる【徒らに成る】**（連語）死ぬ

類 **はかなし【果無し】**（形）→P.306

いつしか ★★

【何時しか】副

訳語

①早く

②いつのまにか

早く早く！　待ちきれないよ～

①は、待ち望む気持ちを表して、これから起こることに使われるのに対し、②はすでに起きたことに使われます。①の意味が重要です。

イメージ変換ワード

いつ？　歯科

学習ポイント

他に「いつ～だろうか」という疑問の用法や、「いつしかなり」の形で「あまりにも早い」という意味もある。

例文

①いつしかと心もとながらせ給ひて、急ぎ参らせて御覧ずるに、めづらかなる児の御かたちなり。（源氏物語）

訳（帝は皇子を）早く（見たい）と待ち遠しくお思いになって、急いで参内させてご覧になったところ、類いまれな（美しい）若宮のご容貌である。

この「めづらかなる児の御かたち」の皇子は、光源氏のこと。

「早く」の意で使われる場合は、下に願望の表現がくることが多いが、①「いつしかと」のように、願望表現が省略される場合もある。

②ほととぎすは、なほさらにいふべきかたなし。いつしかしたり顔にも聞こえたるに、（中略）はた隠れたるも、ねたげなる心ばへなり。（枕草子）

訳ほととぎすは、やはりなんとも言いようがないほどよい。いつのまにか、得意そうに（その声が）聞こえているが、なかば姿を隠しているのも、憎らしいほどの風情がある。

かぐや姫のワンポイントアドバイス

みんな「いつしか（早く）大学に合格したい！」と思っているだろうけど、夢中になって勉強していると、いつしか（いつの間にか）時は過ぎていくものよ。気がつけば、卒業は目前に……。

いふかひなし★

【言ふ甲斐無し】 連語

訳語

①どうしようもない

②つまらない

③身分が低い

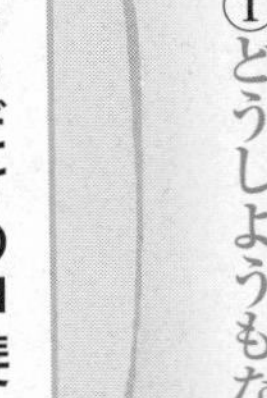

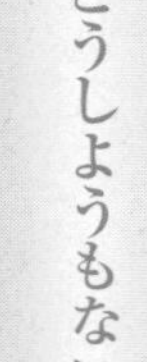

言うだけの甲斐もない

読み方は「イウカイナシ」。言う価値もないということから、①の意味、「価値が低い」ということから②や③の意味が生まれました。

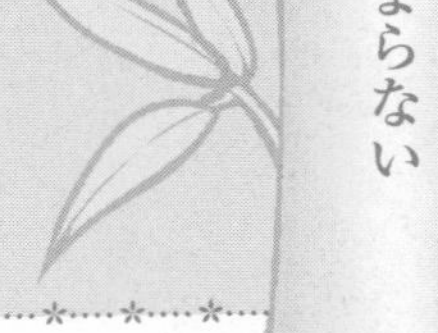

イメージ変換ワード

YOU かい

学習ポイント

「いふかひなくなる」の形のときは、「死ぬ」という意味になることに注意。

①聞きしよりもまして、いふかひなくぞこぼれ破れたる。（土佐日記）

訳（人に預けておいた自宅は）聞いていた以上に、どうしようもなく壊れ傷んでいる。

例文は、『土佐日記』著者の紀貫之が土佐から帰京し、自分の家が荒れて傷んでいる様子を見て落胆している場面。

②もろともにいふかひなくてあらむやはとて、河内の国、高安の郡に、行き通ふ所いできにけり。（伊勢物語）

訳（男は妻と）一緒に、ふがいないままでいられようか（いや、いられない）と思って、河内の国、高安の郡に、通って行く（女の）所ができてしまった。

③かかることは、いふかひなき者の際にやと思へど、すこしよろしき者の、式部の大夫などいひしが、せしなり。（枕草子）

訳このような（礼儀知らずの）ことは、身分が低いもののやることだと思うのだが、いくらか身分の高い人で、式部の大夫などといった人が、やったのである。

かぐや姫のワンポイントアドバイス

年齢的なことを指す場合は「子どもっぽくて幼稚だ」という意味になるわ。

関連語

1 いふかひなくなる（連語）死ぬ

いぶせし★

形・ク

訳語

①うっとうしい

②気がかりだ

ハッキリしないなあ

物事がはっきりしないので、よく知りたいという気持ちです。また、そこから来る不快感も表します。

イメージ変換ワード

イブ（クリスマス・イヴ）

学習ポイント

鎌倉時代には、他に「汚らしい」「むさ苦しい」という意味でも使われるようになった。

①いぶせくも 心にものを 悩むかなやよやいかにと 問ふ人もなみ （源氏物語）

訳 ゆううつで心の中で悩んでおります。いかがですかと尋ねてくれる人もいないので。

②一、二日たまさかに隔つる折だに、あやしういぶせき心地するものを。（源氏物語）

訳 一日、二日たまに離れている時でさえ、不思議なほど気がかりな気持ちがするのになあ。

関 いぶかしけれど、わが人をやるべきにしあらねば、いと心もとなくて待ちをれば、（伊勢物語）

訳 気がかりだけれど、自分から使いの者をやるべきではないので、とてもじれったく待ち遠しく思いながら待っていると、

かぐや姫のワンポイントアドバイス

「いぶせし」の「いぶ」、「おぼつかなし」の「おぼ」はともに、何となくスッキリしない語感を表すわ。

関連語

類 いぶかし【訝し】（形）気がかりだ、よく知りたい

類 おぼつかなし【覚束無し】（形）→P.412

いみじ ★★

形・シク

動詞「忌む（＝身を清めて慎む、不吉なものを避ける）」が変化したものです。善、悪、程度を表しますが、善か悪かは文脈で判断しましょう。

善・悪・程度！

訳語

①すばらしい

②ひどい

③はなはだしい

学習ポイント

程度を表す場合は「いみじく」と連用形になり「はなはだしく」と訳す。

⊖ ⊕

ひどい　すばらしい

いみじ

プラスの意味なら、①すばらしい
マイナスの意味なら、②ひどい
程度を表す場合は、③はなはだしい

→「ゆゆし」（P.368）と比較

①さる所へまからむずるも、いみじくもはべらず。（竹取物語）

訳 そういう所（＝月の都）へ帰って行こうとするのも、うれしくもございません。

②返りごとなどもせむとする程に「死にけり」と聞きて、いといみじかりけり。（大和物語）

訳 返事の歌なども送ろうとしていると「（中将が）死んだ」と聞いて、とても悲しかった。

③ともすれば人まにも月を見ては、いみじく泣きたまふ。（竹取物語）

訳 （かぐや姫は）ともすれば、人のいない間にも月を見ては、ひどくお泣きになる。

「いみじ」は意味の幅が広いので、場面によって柔軟に訳すことも大切よ。例文を参考にしてみて。

関連語

同 いたし【甚し】（形）
→P.402

類 ゆゆし【忌々し】（形）
→P.368

いも

【妹】名

訳語

①いとしい女性

②妻

いとしい妻よ、恋人よ

漢字は「妹」と書きます。男性が、女性に対して親しみをこめて呼ぶときに使われます。妹や姉の意味もありますが、恋人や妻を指すことが多いです。

イメージ変換ワード

芋

学習ポイント

反対語は「せ（＝いとしい男性、夫）」。「いもせ」なら、夫婦、親密な男女、兄と妹、姉と弟の意味になる。

① あしひきの 山のしづくに 妹待つと 我れ立ち濡れぬ 山のしづくに （万葉集）

訳 山の木々の雫に、いとしいあなたを待ち続けて、私はすっかり立ち濡れてしまいましたよ、山の雫に（なぜ来てくれなかったのですか）。

「あしひきの」は、「山」にかかる枕詞。

② 妹として 二人作りし わが山斎は 木高く繁く なりにけるかも （万葉集）

訳 （今は亡き）妻と二人で作った我が家の庭園は、木が高く伸び、葉が見事に茂っていることだなあ。

関 流れては 妹背の山の 中に落つる 吉野の川の よしや世の中 （古今和歌集）

訳 妹山と背山の間に激しく流れ落ちる吉野川のように、夫婦の間に涙が流れ落ちる。どうにでもなれ、男女の仲というものは。

妹背山は、奈良県の吉野川（あるいは和歌山県の紀ノ川）を挟んで向かい合う妹山と背山のこと。妻恋（＝夫婦が互いに恋い慕うこと）の歌に多く使われた。

現代なら「イモとは何よ！」と怒られちゃうわね（笑）

まぎらわしい語に「いぬ（＝寝る）」があるから注意してね。漢字は「寝も寝」と書くの。

関連語

対 せ【兄・夫・背】（名）
→P.238

類 いもせ【妹背】（名）1夫婦・親密な男女　2妹と兄・姉と弟

うたて

副 ★★

訳語

①不快で

②異様に

③ますます

ますます不快になってきた……

非常に不愉快な様子を表します。また、自分の意志と関係なく、物事がどんどん進んでいくことに対する嘆きの気持ちを表す場合もあります。

イメージ変換ワード

歌って

不快に

歌会なのに音程バラバラ

~君のお~

学習ポイント

後に「うたてあり」「うたてし」「うたてげなり」などの形でも使われるようになった。これらの意味は①の「不快」のみ。

①人の心はなほうたておぼゆれ。（徒然草）

訳 人間の心はやはり（自分のことだけ考え）いやに思われる。

②葉の広ごりたるさまぞ、うたてこちたけれど、異木(ことき)どもとひとしう言ふべきにもあらず。（枕草子）

訳（桐(きり)は）葉が広がっている様子が、異様におおげさなのだが、（花は趣があるので）他の木々と同じように言うべきではない。

③何時(いつ)はなも 恋ひずありとは あらねども うたてこのころ 恋し繁(しげ)しも（万葉集）

訳 どんな時でも、恋しく思わないでいる時はありませんが、ますますこのごろは、恋しさがつのります。

「なも」は強意の助詞。

③の「ますます」の用法は、例文のように『万葉集』によく出てくるの。①の意味は、平安時代に多く使われたわ。

関連語

1 うたてし（形）不快だ・嘆かわしい

2 うたてあり（連語）

3 うたてげなり（形動）

うちつけなり

【打ち付けなり】形動・ナリ

訳語

①突然だ

②軽率だ

突然なんて、軽率だ

唐突に物事が起こることや突然行動することを表します。いきなり行動することから、「軽率だ」という意味もできました。

イメージ変換ワード

打ち付け

突然だ

ガン！ガン！

軽率だ

やり直し

学習ポイント

突然、軽率な行動をするところから「無遠慮だ」「ぶしつけだ」という意味もある。

①ほととぎす 人まつ山に 鳴くなれば 我うちつけに 恋ひまさりけり （古今和歌集）

訳ほととぎすが、人を待つという松山で鳴いているのだから、私は突然に人恋しさがつのったよ。

「人まつ山」の「まつ」は、「待つ」と「松」の掛詞。

②ものや言ひ寄らましと思せど、うちつけにや思さむと、心恥づかしくてやすらひ給ふ。 （源氏物語）

訳何か言い寄ってみようかしらとお思いになるが、（光源氏が）軽率だとお思いになるだろうかと、気後れがしてためらいなさる。

関とみにて求むる物見出でたる。 （枕草子）

訳急ぎの用事があって探しているものを見つけたとき（はうれしい）。

かぐや姫のワンポイントアドバイス

勉強も、「うちつけに（＝突然に）」始めるのは、「うちつけなり（＝軽率だ）」。きちんと戦略を立てましょう。

基礎が身につくまでは、単語と文法の習得に徹するべし。

関連語

同とみなり【頓なり】（形動）

急だ

うつくし ★★

【愛し・美し】形・シク

訳語

①かわいい

②美しい

ちっちゃくて可愛い～

もともとは自分の子どもに対する愛情を表していましたが、平安時代には小さくてかわいらしいものに対して使われるようになりました。さらに後には、「美しい」という意味も生まれました。

イメージ変換ワード

打つ、クシ

かわいい

美しい

学習ポイント

入試で出題されるのは①の意味。動詞形は「うつくしむ」「うつくしがる」（＝かわいがる）。

①なにもなにも、ちひさきものはみなうつくし。（枕草子）

訳 何もかも、小さいものはみなかわいらしい。

②仏御前は髪すがたよりはじめて、みめかたちうつくしく、（中略）なじかは舞も損ずべき。（平家物語）

訳 仏御前（＝人名）は、髪かっこうをはじめとして、容貌が美しく、どうして舞も失敗することがあろうか、いや、失敗しない。

仏御前は、『平家物語』に登場する白拍子（今様という流行歌を歌ったり、舞ったりする遊女）であった。

例文は、十六歳の仏御前が自ら平清盛の屋敷に参上し、歌と舞を披露した場面。仏御前は、清盛が寵愛する白拍子・祇王の取りなしによって追い返されず、清盛に歌と舞を見てもらうことができたが、清盛は仏御前を気に入り、その結果、祇王は屋敷を追い出されることとなった。

『枕草子』の一五一段（うつくしきもの）では、「うつくしきもの」の様々な例が挙げられているの。当時の人たちがどのようなものに対して「うつくし」と感じていたのかがよくわかるわ。

現代語と同じ「美しい」という意味は、平安後期になってから出てきたのよ。

関連語

類 うるはし【麗し・愛し・美し】（形）→P.116

類 らうたし（形）→P.64

うつろふ ★★

【移ろふ】 動・ハ行四段

訳語

①変化する

②色あせる

③移動する

変わりゆくもの

広い意味で変化することを表します。色づく、愛情がなくなる、花が散る、などの意味もあります。特に重要なのは②の「色あせる」という意味です。

イメージ変換ワード

打つ、ロー（低めを打つ）

学習ポイント

花が対象になっている場合は、「色あせる」や「散る」などと訳す。

①②風も吹きあへずうつろふ人の心の花に、なれにし年月を思へば、（中略）我が世の外になりゆくならひこそ、なき人の別れよりもまさりて悲しきものなれ。（徒然草）

訳 風も吹き終わらないうちに散ってしまう（桜の）花のように変わってしまう人の心に、慣れ親しんできた年月のことを思うと、自分とは別の世界の人になってしまう世の習いというものは、亡くなった人との別れよりもずっと悲しいものである。

③中陰のほど、山里などにうつろひて、後のわざども営みあへる、心あわただし。（徒然草）

訳 四十九日の間、（家族や親戚などが）山里（の寺）などに移って、死後の法事などを一緒に行なっているのは、何とも落ち着かないものである。

関 この人は下愚の性、移るべからず。（徒然草）

訳 このような人（=賢い人に会うとその人をうらやんで悪口を言い、学ぼうとしない人）は、愚かなその性質が変わるはずがない。

かぐや姫のワンポイントアドバイス

人の心もうつろひやすいもの……。人の心情の変化を表すことも多いわ。

例文の中に出てきた「中陰」は、人の死後、四十九日の間のことを表します。

関連語

同 うつる【移る】（動）

063

うるさし ★★

形・ク

訳語

①わずらわしい

②不愉快だ

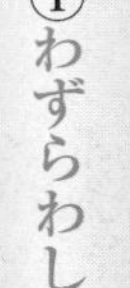

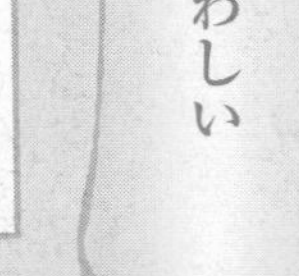

面倒で不愉快だ

面倒なことに対する不快感を表します。現代でも「うるさい客（＝煩わしい客）」のように言いますね。音に対する「やかましい」不快感は、古語ではあまり出てきません。

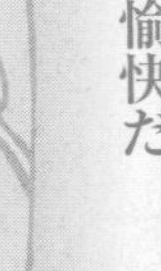

イメージ変換ワード

売る、刺身

学習ポイント

現代語のように「うるさい」と訳さないこと。
また、「うるせし（＝賢い、優れている）」と混同しないよう注意する。

①歯黒(はぐろ)め、さらに「うるさし、きたなし」とてつけ給はず、いと白らかに笑(え)みつつ、この虫どもを朝夕に愛し給ふ。（堤中納言物語）

訳 お歯黒も「わずらわしい、汚い」と言って、まったくお付けにならず、たいへん白い歯を見せてほほえみながら、この虫たちを、朝夕かわいがりなさる。

十編の物語をまとめた『堤中納言物語』の中の、「虫めづる姫君」の一文。この姫君は、世間体を気にする親たちの忠告もかわし、この時代の成人女性の習慣であったお歯黒や眉墨(まゆずみ)などをせず、人々が嫌う毛虫を愛した。

②みぐるしとて、人に書かするは、うるさし。（徒然草）

訳（自分の下手な字は）見苦しいからといって、他人に書かせるのは、感じが悪い。

関 この童(わらは)、心得てけり。うるせき奴ぞかし。（宇治拾遺物語）

訳 この使いの子どもは、事情を理解したようだ。賢いやつであるよ。

かぐや姫の
ワンポイント
アドバイス

音がうるさいという意味なら「かしまし」「やかまし」「かまびすし」が使われるわ。でも、当時のうるさい音と言えば虫や波の音ぐらいで、のどかな時代だったのよ。

関連語

対 うるせし（形）→P.462

うるはし ★★

【麗し・愛し・美し】形・シク

訳語

①整って美しい

②きちんとしている

③親しい

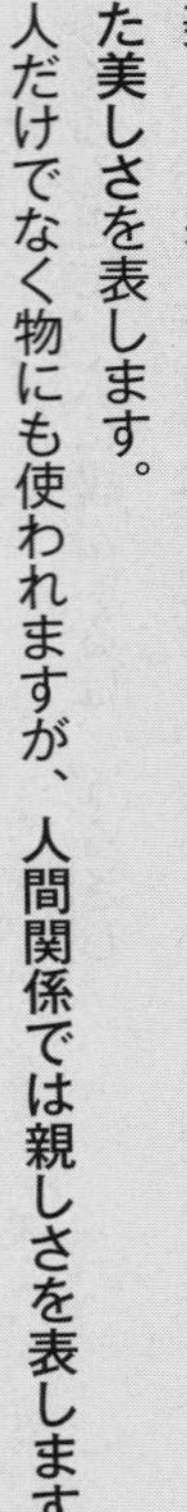

美しさを表す言葉はいろいろありますが、「うるはし」は、きちんと整った美しさを表します。人間関係では親しさを表します。人だけでなく物にも使われますが、人間関係では親しさを表します。

イメージ変換ワード

売る、ワシ

学習ポイント

「うつくし」は、小さいものや弱いものを愛する気持ちを表す。

「うるはし」と「うつくし」の違いは、よく出題される。

例文

①いかなる所にか、この木はさぶらひけん。あやしく、うるはしく、めでたき物にも。（竹取物語）

訳 どのような所に、この木はございましたのでしょうか。不思議に美しく、すばらしい物で（ございますね）。

求婚を断りきれなかったかぐや姫は、「望みの品を持ってきた人と結婚する」と五人の求婚者それぞれに難題を突きつけた。しかし、求婚者の一人・庫持の皇子は職人に作らせた、偽物の「蓬莱（ほうらい）の玉（たま）の枝（え）」を持ってくる。例文は、偽物とは気づかず褒（ほ）めたたえる翁の言葉。

②言（こと）うるはしきは、忘れがたく、思ひつかるるものなり。（徒然草）

訳 言葉づかいがきちんとしているのは、忘れがたく、自然と心がひかれるものである。

③むかし、男、いとうるはしき友ありけり。（伊勢物語）

訳 昔、男には、とても親しい友人がいた。

かぐや姫のワンポイントアドバイス

きちんとしすぎて「堅苦しい」という意味を表すこともあるの。

その一方で「親しい」という意味もあるから、古語は奥が深いわね。

関連語

類 うつくし【愛し・美し】（形）→P.110

対 しどけなし（形）→P.220

おいらかなり

【老いらかなり】 形動・ナリ

訳語

①おっとりしている

②素直だ

おっとりしている

性格や態度が穏やかな様子を表します。人の性格、行動に対して使われます。

イメージ変換ワード

おいら（自分）

学習ポイント

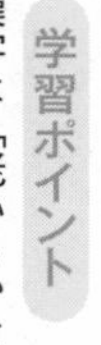

漢字は「老いらかなり」という説があり、「老成して物静かな状態」ということから生まれた語と言われている。

例文

①「いさ、人のにくしと思ひたりしが、またにくくおぼえ侍りしかば」といらへ聞こゆ。「おいらかにも」とて笑ひたまふ。（枕草子）

訳「さあどうでしょうか、人が（私を）憎いと思っていたのが、また（私のほうでも）憎く思われましたので（私宅にいるのです）」とお答え申し上げる。（右中将は）「（もっと）おだやかな気持ちで」と言ってお笑いになる。

②おいらかに「あたりよりだにな歩きそ」とやはのたまはぬ。（竹取物語）

訳率直に「この辺りでさえ、歩き回るな」と、どうしておっしゃらないのか。

かぐや姫が難題を言ってくるので、それならむしろ、はっきり断ってほしいと、貴公子たちが嘆く場面。

関女、はた知らず顔にて、おほどかにて居給へり。（枕草子）

訳女君は、それでも知らないふりをしておっとりした様子で座っていらっしゃった。

かぐや姫のワンポイントアドバイス

当時の女性は、あまり激しく感情的にならないのがよいとされていたの。私は自信ないけど……。だから、「おっとり」はプラスの意味で使われるわ。

関連語

類おほどかなり（形動）おっとりしている

おきつ ★★

【掟つ】動・タ行下二段

訳語

①決める

②命令する

鉄の掟（おきて）、ヒエ〜ッ

名詞形は「掟（おきて）」。前もって決めた方向に向かうというのが原義で、人の行動を決めるときは②の「命令する」の意となります。

イメージ変換ワード

置き

学習ポイント

「おく（動・カ行四段）」の連用形＋「つ（完了の助動詞）」と間違えないように注意。意味が判別しにくいときは、活用で区別する。

例文

①されば、よろづに見ざらん世までを思ひおきてんこそ、はかなかるべけれ。（徒然草）

訳だから、何事につけても、見ないであろう（死後の）世までを、考え決めておくようなことは、まことに頼りにならないことにちがいない。

②うちへも参り給はず、とかくの御事などおきてさせ給ふ。（源氏物語）

訳内裏へも参内なさらず、あれこれと御葬儀のことなどをお指図なさる。

六条御息所が亡くなり、光源氏がその葬儀を取り仕切っている場面。

関親のおきてに違へりと思ひ嘆きて、心ゆかぬやうになむ、聞きたまふる。（源氏物語）

訳（空蝉は、自分を宮仕えさせるという）「親の取り決めに背いてしまった」と思い嘆いて、憂いに沈んでいるようだと聞いております。

空蝉は、衛門督の娘。父が早くに亡くなったため、伊予介（＝愛媛県の次官）の後妻になり、宮仕えはできなかった。紫式部と境遇が似ていることから、自身をモデルにしたと言われている。

かぐや姫のワンポイントアドバイス

活用に慣れておきましょう。「おきて-ず」「おきて-けり」「おきつ」「おきつる-とき」「おきつれ-ども」「おきてよ」の下二段活用よ。

関連語

1おきて【掟】（名）取り決め

067

おこたる ★★

【怠る】動・ラ行四段

訳語

①病気がよくなる

②怠ける・油断する

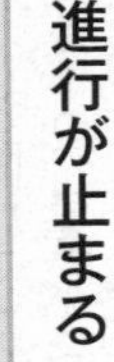

継続していたものが、途中で停止した状態を表します。もともとの「怠ける、油断する」という意味から、病気が怠ける＝「病気の進行がストップする」という①の意味ができました。

イメージ変換ワード

お香、樽(たる)

学習ポイント

①の意味が重要。

名詞の「おこたり」では、「謝罪」という意味に注意する。

①日ごろ月ごろ、しるきことありてなやみわたるが、おこたりぬるもうれし。（枕草子）

訳 幾日も、幾月も、はっきりした病状があってずっと病気が続いていたのが、よくなったのもうれしい。

②なほ朝まつりごとは、おこたらせ給ひぬべかめり。（源氏物語）

訳 相変わらず、やはり朝廷の政務は、怠けておしまいになるようだ。

②おぼつかなき日数（ひかず）積もる折々あれど、心の内は怠らずなむ。（源氏物語）

訳 （あなたと）疎遠になってしまう日数が多くなることはたびたびあるけれど、心の中ではうっかりすることなく（あなたのことを気にかけています）。

関 泣く泣く怠りを言へど、答へをだにせで、泣くこと限りなし。（堤中納言物語）

訳 （男は）泣きながら謝罪を言うけれど、（女は）返事さえしないで、泣いてばかりいる。

かぐや姫のワンポイントアドバイス

昔は、物の怪が取り憑いて病気になると考えられていたの。僧や修験者の加持祈祷によって病気がよくなるシーンが、『源氏物語』や『枕草子』にも出てくるわ。

関連語

1おこたり【怠り】（名）1怠慢　2あやまち　3謝罪

対 なやむ【悩む】（動）→P.294

対 わづらふ【煩ふ】（動）→P.382

おとなふ ★

【音なふ】動・ハ行四段

訳語

①音を立てる

②訪問する

③手紙を出す

音を出して存在を知らせる

読み方は「オトノー」または「オトナウ」。音を立てて自分の存在を知ってもらうということが原義で、そこから②と③の意味ができました。

イメージ変換ワード

音、NO!

学習ポイント

原義に近い①の意味が、よく出題される。

「なふ」は、「ある行為をする」意の接尾語。

①②木の葉にうづもるるかけ樋のしづくならでは、つゆおとなふものなし。（徒然草）

訳 木の葉にうずもれている懸樋からしたたり落ちる雫の他には、少しも音を立てるものはなく、訪問する人もない。

例文の「おとなふ」は、「音を立てる」と「訪問する」の二つの意味を掛けている。「かけ樋（懸樋）」とは、庭などに水を撒くために、かけ渡す樋のこと。半分に割った竹や、中をくり抜いた木などで作られた。

③むすめ多かりと聞きて、なま君達めく人びともおとなひ言ふ、いとあまたありけり。（源氏物語）

訳 娘たちが大勢いると聞いて、さほど大したことのない貴族の子弟らしい人々も、恋文を出し言い寄ることが、とても多くあった。

関 もし天竺にたまさかにもて渡りなば、長者のあたりにとぶらひ求めむに、（竹取物語）

訳 もしインドに偶然渡来しているのならば、金持ちのあたりに訪ねて（火鼠の皮衣を）求めましょうが、

平安時代には、女性も文字を書くようになったので、ラブレターが一大ブームになったの！　紙にお香を焚いて香りづけしたり、梅の小枝を添えたりしていたのよ。胸キュンしちゃう♡

関連語

類 とぶらふ【訪ふ・弔ふ】（動）→P.437

おどろおどろし ★★

形・シク

訳語

①気味が悪い

②大げさだ

ドロドロ～気味が悪い

物音の擬音語「おどろ」が重なった語で、驚くほど大げさな状態を表すようになり、また、そこから気味が悪いという意味も表すようになりました。

イメージ変換ワード

踊ろ、踊ろ

学習ポイント

物音の擬音語「おどろ」は、「おどろく（＝驚く、はっと気づく）」の語源にもなっている。

例文

①いとおどろおどろしくかきたれ、雨の降る夜、帝、さうざうしとや思し召しけむ。（大鏡）

訳 とても気味悪く激しく雨が降る夜、帝は、もの寂しいとお思いになったのだろうか。

「かきたる」は、雨や雪が激しく降り続くこと。

②出でにけるすなはち、はひ入りて、おどろおどろしう泣く。（蜻蛉日記）

訳（兼家が）出て行ってしまったらすぐに、（息子の道綱が）這って入って来て、大げさに泣く。

『蜻蛉（かげろう）日記』は、藤原道綱母（実名は不明）によって書かれた、最初の女流仮名日記と言われる。浮気性の夫への不満や、息子への愛情が、和歌を交えながら回想する形で描かれている。

例文は、夫婦喧嘩の末、夫の兼家が息子の道綱を呼び出し、「もう帰って来ないつもりだ」と言って家を出て行ってしまった後の場面。

平安時代には、人に取り憑く「物の怪」が信じられていたの。室町時代には「百鬼夜行」のような妖怪が描かれるようになり、江戸時代には幽霊や妖怪文化が、一気に花開きます。おどろおどろし〜。

関連語

1 おどろく【驚く】（動）
→P.128

おどろく ★★

【驚く】動・カ行四段

訳語

①目を覚ます

②はっと気がつく

③驚く

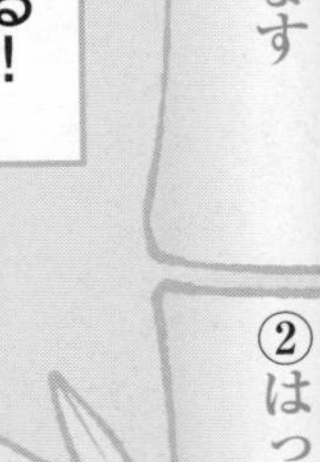

物音の擬音語「おどろ」が動詞になったもの。物音にハッとするというのが元の意味です。

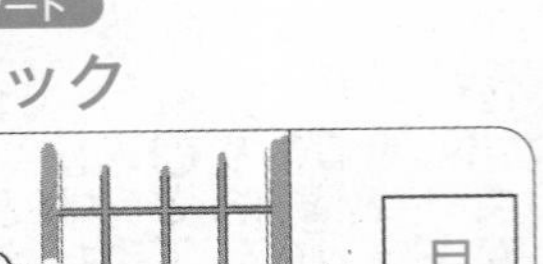

学習ポイント

類義語「めさむ」が単に目が覚める意味なのに対し、「おどろく」は心理的にハッとする気持ちが含まれる。

①ものにおそはるる心地して、おどろきたまへれば、火も消えにけり。（源氏物語）

訳 何かにおそわれる気持ちがして、目を覚ましなさったところ、火も消えてしまっていた。

②秋来（き）ぬと目にはさやかに見えねども風の音にぞおどろかれぬる（古今和歌集）

訳 秋が来たと、目にははっきりとは見えないけれど、風の音に（もう秋なのだと）はっと気づかされたことだよ。

③とみのこととて御文（ふみ）あり。おどろきて見れば、歌あり。（伊勢物語）

訳 急用の事ということで、（母からの）お手紙がある。驚いて見ると、歌が（書かれて）ある。

かぐや姫のワンポイントアドバイス

「目を覚ます」という意味は要注意よ。寝ている状況で「おどろく」が出てきたら、この意味で訳してね。

関連語

1 **おどろかす【驚かす】**（動）
1目を覚まさせる　2驚かす

2 **おどろおどろし**（形）
→P.126

類 **めさむ【目覚む】**（動）
1目が覚める　2目が覚めるほど新鮮だ

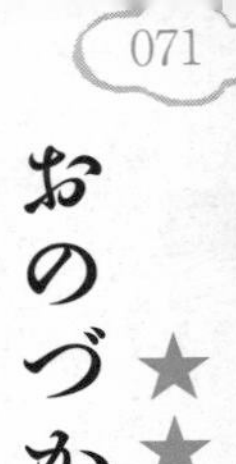

おのづから ★★

【自ら】副

訳語

①ひとりでに

②たまたま

③ひょっとすると

たまたま、万が一

現代語とは異なる、②と③の意味が重要です。同じ漢字の「みづから（自ら）」と間違えないよう注意しましょう。

イメージ変換ワード

斧、図から

図から飛び出る

ひとりでに

学習ポイント

訳し方に迷ったときは、仮定表現の有無で訳し分ける。

③の意味は未来のことを表すので、後ろに仮定表現が来る。

例文

①母、物語など求めて見せ給ふに、げにおのづから慰(なぐさ)みゆく。（更級日記）

訳 母が、物語などを探して見せなさると、本当に自然と（私の）心が晴れてゆく。

②おのづから人の上などうち言ひそしりたるに、幼き子どもの聞き取りて、その人のあるに言ひ出(い)でたる。（枕草子）

訳 たまたま、人のことについてうわさをして悪口を言ったところ、幼い子どもが聞いて覚えていて、その人がいる時に言い出した場合。

③おのづから平家のことあしざまに申す者あらば、（中略）その奴をからめ取つて、六波羅(ろくはら)へ率(ゐ)て参る。（平家物語）

訳 万一、平家のことを悪く言う者がいれば、その者を捕らえて、六波羅へ引き連れて参上する。

かぐや姫のワンポイントアドバイス

現代でも「おのずと結果は出る」など、自然に生じるニュアンスで使われているわよね。同じ漢字の「みづから（＝自分から）」とは対照的な語よ。

関連語

対 みづから【自ら】（副）1 自分から 2 自分自身で

おぼえ ★

【覚え】名

訳語

①評判

②寵愛（ちょうあい）

人や帝から、思われる

「おぼゆ（＝思われる）」が名詞になったもの。世間から思われると「評判」、「御（おほん）おぼえ」の形では権力者から思われるということで「寵愛」の意味になります。

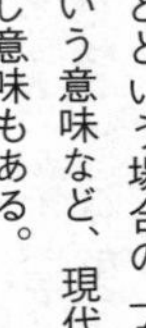

学習ポイント

その他、「記憶」という意味や、「腕に覚えのある」などという場合の「自信」という意味など、現代語と同じ意味もある。

イメージ変換ワード

オーボエ

① おそき梅は、さくらに咲き合ひて、覚えおとり、けおされて、枝にしぼみつきたる、心うし。（徒然草）

訳 遅咲きの梅は、桜とともに咲いて、評判が（桜より）劣り、（桜に）圧倒されて、枝にしぼんでついているのは、嫌なものだ。

② 亡きあとまで、人の胸あくまじかりける人の御おぼえかな。（源氏物語）

訳（桐壺更衣が）亡くなった後まで、人の心を晴らそうとしない帝のご寵愛ぶりですこと。

『源氏物語』では、帝の寵愛を受けすぎたために、桐壺更衣（きりつぼのこうい）（＝光源氏の母）が周囲からいじめられてしまう。

例文は、帝の正室であった「弘徽殿の女御（こきでんのにょうご）」の言葉。弘徽殿の女御は、嫉妬から事あるごとに桐壺更衣に嫌がらせをし、桐壺更衣が亡くなった後も光源氏と対立し続けた。

かぐや姫のワンポイントアドバイス

寵愛とは、上の立場の人が下の人を特別にかわいがることや愛することよ。

関連語

1 おぼゆ【思ゆ・覚ゆ】（動）
→P.413

073

おほけなし

形・ク

訳語

①身の程知らずだ

②恐れ多い

身の程知らずめ

「限度を越える」というのが原義で、身分が下の者が、上の者に対して出すぎた行動をとることを表します。

イメージ変換ワード

王、けなし（王様をけなす）

学習ポイント

「おほけなし」がマイナスイメージの語なのに対し、類義語の「かたじけなし」は、恐縮や感謝の気持ちを表す。

①なほいとわが心ながらもおほけなく、（中略）何事をかはいらへも聞こえむ。（枕草子）

訳 やはり、自分の意思ながらも、（宮仕えは）とても身の程知らずで、何をお答え申し上げることができるだろうか。

例文は、作者の清少納言が「宮にはじめて参りたるころ」の初々しい時期を回想している言葉。

②「あしくもよくもあらむは、いかがはせむ」と、おほけなく思ひなしはべる。（源氏物語）

訳 「悪くなろうとも良くなろうとも、仕方のないことだろう」と、恐れ多くも思い決めております。

関 かたじけなき御心（みこころ）ばへのたぐひなきを頼みにて、（源氏物語）

訳 （帝の）ありがたいご愛情が、並ぶものがない（ほど深い）のを頼みにして、

かぐや姫のワンポイントアドバイス

身分をわきまえないふるまいに対して、非難する感情が含まれているわ。身分上や立場上、許されない禁断の恋の場面でもよく出てくるの。

関連語

類 かたじけなし【辱し・忝し】（形）→P.464

おほす ★★

【仰す】 敬動・サ行下二段

訳語

①おっしゃる㊕

②お命じになる㊕

「言ふ」の㊕

読み方は「オオス」。「言ふ」の尊敬語です。偉い方がおっしゃるというところから「お命じになる」という意味もあります。

イメージ変換ワード

王、酢

学習ポイント

助動詞「らる」には、受身・可能・自発・尊敬の意味があるが、「おほせ」と合わせて使われる「らる」は必ず尊敬となる。

例文

①「少納言よ、香炉峰の雪いかならむ」と仰せらるれば、御格子上げさせて、御簾を高く上げたれば、笑はせたまふ。（枕草子）

訳（中宮様が）「少納言よ、香炉峰の雪はどうなっているだろうか」とおっしゃるので、（私が人に命じて）御格子を上げさせて、御簾（＝竹のすだれ）を高く上げたところ、（中宮様は）ほほえまれる。

②御文、不死の薬の壺ならべて、火をつけて燃やすべきよし仰せたまふ。（竹取物語）

訳（帝は）お手紙と不死の薬の壺とを並べて、火をつけて燃やすべきことをお命じになる。

関各々、おほせうけたまはりてまかりぬ。（竹取物語）

訳それぞれ、ご命令をお受けして退出した。

かぐや姫の求婚者五人のうちの一人、大納言・大伴御行は、結婚の条件として「龍の頸にかかる五色に光る珠」を要求された。例文は、大伴御行が家臣にその龍の頸の珠を取ってくるように命令した後の場面。

かぐや姫のワンポイントアドバイス

平安時代には「おほせらる」「おほせ給ふ」の形でよく使われていたの。尊敬の助動詞・補助動詞が付いたもので、二重尊敬になるわ。

関連語

1おほせ【仰せ】（名）1お言葉　2ご命令

類のたまふ【宣ふ】（敬動）→P.55

おぼろけなり ★

【朧けなり】 形動・ナリ

訳語

①普通だ

②普通でない・格別だ

普通、あるいは普通じゃない

元の意味は「普通だ」ですが、打消の語を伴うことが多いので、「おぼろけならず」と混同されるようになりました。そのため、「普通」「普通でない」と反対の意味をあわせ持つことに注意が必要です。

イメージ変換ワード

おぼろ（おぼろ月※）、毛

学習ポイント

②は関連語の「おぼろけならず」と同じ意味。

※朧月（おぼろづき）…少しぼんやりして見える月のこと。春の夜に見られることが多い。

①おぼろけの紙は、え張るまじければ、求めはべるなり。（枕草子）

訳 普通の紙は張れますまいから、（この扇にふさわしい紙を）さがしております。

②おぼろけの願によりてにやあらむ、風も吹かず、よき日出で来て、こぎゆく。（土佐日記）

訳 格別の祈願によってであろうか、風も吹かず、よい天気となって、（船を）こいでゆく。

例文は、「おぼろけなり」で「おぼろけならず」の意を表している。

関 あやしと思ひて走り来て、「何事ぞ」と問ふに、泣くさまおぼろけならず。（宇治拾遺物語）

訳 不審に思って走って来て、「どのようなことがあったのか」と聞くが、（女の）泣く様子は普通ではない。

江戸時代には「おぼろげなり」と変化したのよ。

関連語

1おぼろけならず【朧けならず】（連語）1普通でない　2格別だ

おもしろし ★★

【面白し】形・ク

訳語

①興味がある

②趣がある

明るく晴れ晴れした趣

目の前がパッと明るくなるというのが元の意味で、そこから自然や音楽に興味を引かれるさまを表します。とにかく明るい趣のことです。

イメージ変換ワード

尾も白し

学習ポイント

対象は、自然の美しさや音楽であることが多い。現代語と同じ「愉快だ」という意味もあるが、①と②の意味が重要。

①見る人は、ただ思ひのほかに**おもしろき**上手とばかり見て、これは花ぞとも知らぬが、為手の花なり。（風姿花伝）

訳 観客は、ただ意外と**興味深い**上手な役者だとばかり見て、これが花なのだと知らないのが、役者にとっての花なのだ。

「為手」とは、何かをする人、うまくできる人のこと。例文では、能楽における主役の意を表している。

『風姿花伝』は、室町時代前期に書かれた、世阿弥による能楽論書。父の観阿弥から受け継いだ能の本質である「花」や能の心得について述べられている。

②かぐや姫、月の**おもしろく**出でたるを見て、常よりも物思ひたるさまなり。（竹取物語）

訳 かぐや姫は、月が**趣深く**出ているのを見て、いつもより物思いをしている様子である。

かぐや姫のワンポイントアドバイス

平安女子は、月や芸能、あるいは萩の花、雪の降る様子などに「おもしろし」と感じていたのよ。

関連語

類 をかし（形）→P.388

おろかなり ★★

【疎かなり】 形動・ナリ

訳語

①いいかげんだ

②不十分だ

おろそかだなあ

「疎か」ということで、不十分なことを表します。現代語と同じ「愚か」という意味もあり、これは「考えが不十分」ということからできた意味です。

イメージ変換ワード

折ろう、かなり

学習ポイント

現代語と同じ「愚かだ」という意味が問われることはなく、出題されるのは①と②の意味。

関連語が多いので、まとめて覚える。

例文

① わづかに二つの矢、師の前にて一つをおろかにせんと思はんや。（徒然草）

訳 たった二本の矢のうち、しかも師の前で、そのうちの一本をおろそかにしようと思うだろうか（いや、思わないだろう）。

② 「よさりの亥子（ゐね）の刻（こく）には、かならず大地うち返すべし」と申せば、恐ろしなんどもおろかなり。（平家物語）

訳 「今夜の亥子（いね）の刻（＝午後十時～十二時）には、必ず大地がひっくり返るだろう」と申すので、恐ろしいなどという言葉では言い尽くせない。

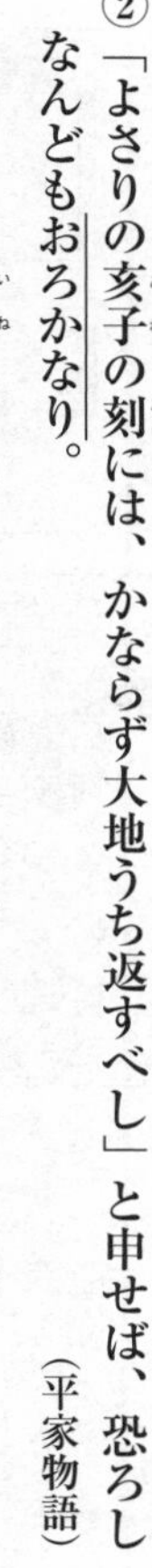

関 公事（おほやけごと）に仕うまつれる、おろそかなることもぞと、とりわき仰せ言（おほせごと）ありて（源氏物語）

訳 公務として（形式的に）お仕え申し上げるのでは、行き届かないこともあるだろうと、特別にご命令があって、

鎌倉時代以降は「愚かだ」という意味で使われることが多くなり、「いいかげん」「不十分」の意味の場合は、「おろそかなり」が使われるようになったわ。

関連語

1 **おろかならず**（連語） 1普通でない 2格別だ

同 **おろそかなり**【疎かなり】（形動） いいかげんだ

078

かげ【影】名

★★

訳語

①光

②姿

光 or 光によって見えるもの

もともとは「光り輝くもの」を表していましたが、後に「光によって見えるものの姿」、さらには「水に映るものの姿」も表すようになりました。

イメージ変換ワード

影

学習ポイント

「月影（つきかげ）」＝月光、はよく出てくる。

「陰」と書くときは、現代語と同じ、「暗いかげ」の意味になる。

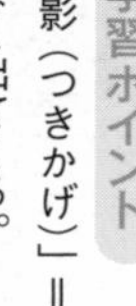

①大井河の月かげも霞にこめておぼろなり。（平家物語）

訳 大井河の月光も、霞がかかってぼんやりしている。

②暁近き月、隈なくさし出でて、ふと人の影見えければ、「またおはするは、誰そ」と問ふ。（源氏物語）

訳 明け方近い月の光が、余す所なく照りはじめて、不意に人の姿が見えたので、「他にいらっしゃるのは誰か」と尋ねる。

『源氏物語』の中でも、「かげ」は、亡くなった光源氏の母・桐壺更衣の「おもかげ」や、「月の光に照らし出される人の姿・形」など、様々な意味で使われている。

参考 母御息所も、影だにおぼえ給はぬを、（源氏物語）

訳 （光源氏は）母の御息所（＝桐壺更衣）についても、面影さえ覚えていらっしゃらないが、

「面影」「死者の霊」「恩恵」などの意味もあるのよ。（↓参考）奥の深い言葉ね。

かしこし ★★

【畏し・賢し】形・ク

訳語

①恐れ多い

②優れている

［連用形で］③非常に

ハハーッ、恐れ多い

自分の力が及ばない人や神様、精霊などを恐れ敬う気持ちを表します。連用形「かしこく」では程度も表し、「非常に」などと訳します。

イメージ変換ワード

菓子、腰（腰使い）

学習ポイント

現代語の「利口だ」という意味もあるが、その意味では「さかし」がよく出題される。

①御門の御位はいともかしこし。（徒然草）

訳 天皇の御位は（口にするのも）まことに恐れ多い。

例文は、「この世に生まれたからには、こうありたいと思うようなことは多いものだ」という文に続く内容。その願いに天皇の位を入れることは恐れ多い、ということ。

②御心掟も、ことのほかにかしこくおはします。（大鏡）

訳 （菅原道真は）お心構えも、格別に立派でいらっしゃる。

③男はうけきらはず呼び集へて、いとかしこく遊ぶ。（竹取物語）

訳 （翁は）男はだれもかれも嫌わず呼び集めて、たいそう盛大に遊ぶ。

関 古の 七のさかしき 人たちも 欲りせしものは 酒にしあるらし（万葉集）

訳 昔の（中国の）七人の賢い人たち（＝竹林の七賢）も、欲しがったものは酒であるらしい。

「竹林の七賢」は、中国の晋の時代（三世紀）に戦乱の俗世間を避け、竹林で酒を飲みながら哲学的な議論にふけった七人の隠者たちのこと。

かぐや姫のワンポイントアドバイス

古代の日本人は、自然のあらゆるものには霊力があると考えたの。それらを恐れ敬う思想がこの言葉のルーツになっているわ。

関連語

1 かしこまる【畏まる】（動）→P.148

類 おほけなし（形）→P.134

類 かたじけなし【辱し・忝し】→P.464

類 さかし【賢し】（形）→P.424

類 ゆゆし【忌々し】（形）→P.368

かしこまる ★

【畏まる】動・ラ行四段

訳語

①恐縮する

②きちんと正座する

③わびる

恐縮です、申し訳ありません

現代語の「かしこまる」に近く、自分より上の相手を恐れる気持ちからできた言葉です。

イメージ変換ワード

菓子、困る

お客さんに出すお菓子食べちゃって
困ったわ
恐縮する

学習ポイント

他に「お礼を述べる」意味もある。どの意味にも「恐縮する」というニュアンスが共通している。

①あまりかしこまりたるも、げにわろきことなり。　（枕草子）

訳 （手紙の言葉が無礼な人は憎らしいが、かといって）あまりに恐縮して（書く）のも、本当によくないことだ。

②冥官冥衆、皆、閻魔法王の御前にかしこまる。　（平家物語）

訳 地獄の役人や鬼たちが、皆、閻魔大王の御前に、きちんと正座する。

慈心房尊恵という僧が、夢の中で閻魔王宮にて法事を行うよう招待され、閻魔大王に「平清盛は慈恵僧正の生まれ変わりだ」と告げられたという。例文は、その夢の中の場面。尊恵がのちにこのお告げを伝えたところ、平清盛は大変喜び褒美を与えた。

③仏にかしこまり聞こゆるこそ苦しけれ。　（源氏物語）

訳 仏に謝罪し申しあげるのはつらいことだ。

光源氏が、出家した空蝉（＝女性の名前）に対して言った言葉。「空蝉が光源氏に心を迷わせた過去の報いとして、仏に懺悔をしなければならないことが心苦しい」ということ。

かぐや姫のワンポイントアドバイス

語源は、形容詞「かしこし」と同じよ。神や精霊を恐れ敬う気持ちから来ているわ。

関連語

1 かしこし【畏し・賢し】（形）→P.146

かたし

★★

【難し】形・ク

訳語

①難しい

②めったにない

〜しがたい＝難しい

語源は「堅し」で、変化させることができないことから、困難さを表すようになりました。

イメージ変換ワード

硬し

学習ポイント

①の意味が重要。
また、「〜がたし」の形で、「〜しにくい」と訳す。

例文

①鞠（まり）も、かたき所を蹴出だしてのち、やすく思へば、必ず落つと侍るやらん。（徒然草）

訳 蹴鞠（けまり）も、難しいところを（うまく）蹴り出した後、安心だと思うと、必ず（失敗し、鞠は）落ちてしまうと（教えに）ございますようです。

「蹴鞠」とは、貴族の間で行われていた遊びの一つ。鹿の革で作った鞠（まり）を蹴り上げ、数人で落とさないよう蹴り合う。蹴る姿や蹴った鞠の軌跡の優雅さも競われた。

②女どちも、契（ちぎ）り深くて語らふ人の、末まで仲よき人かたし。（枕草子）

訳 女どうしでも、深い約束をして親しく付き合っている人で、最後まで仲のよい人はめったにいない。

関 あやまちは、やすき所になりて、必ず仕（つかまつ）ることに候ふ。（徒然草）

訳 失敗は、簡単なところになってから、必ずいたしますことでございます。

かぐや姫のワンポイントアドバイス

現代でも、「忘れがたい」などと、「忘れるのが難しい」という意味で使われているわね。

関連語

類 ありがたし【有り難し】（形）→P.398

対 やすし【易し】（形）容易だ

かたはらいたし ★★

【傍ら痛し】形・ク

訳語

①きまり悪い

②みっともない

③気の毒だ

そばで見て、そばで見られて、バツが悪い

そばで見ていて痛々しいと感じることです。それを見下すと、みっともないという意味になります。逆に、見られる側にしてみれば、きまりが悪いという意味になります。

学習ポイント

出題率がトップクラスの超重要単語。3つの意味をきちんと押さえておく。

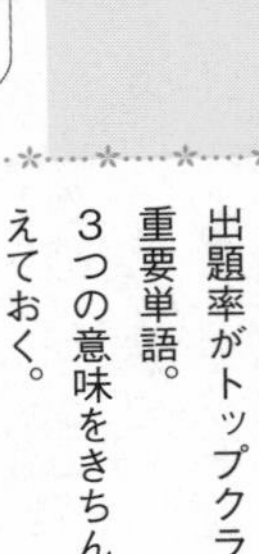

イメージ変換ワード

傍ら、痛し

例文

①いとかたはらいたき心地して、え聞こえね。（宇津保物語）

訳 とてもきまり悪い気持ちがして、申し上げることができない。

②おほかた、さし向かひてもなめきは、などかく言ふらむと、かたはらいたし。（枕草子）

訳 だいたい、向かい合っていても（言葉の）無礼な者は、どうしてこう言うのだろうかと、みっともない。

③簀はかたはらいたければ、南の廂に入れ奉る。（源氏物語）

訳 縁側では気の毒なので、南の廂の間に（光源氏を）お入れ申し上げる。

「簀」は、廂のさらに外側の板敷の縁側のこと。

「廂（庇）」は、母家（＝中央の部屋）の周りにある、廊下のような細長い部屋。女房（＝天皇や妃に仕える女官）たちは、この部屋にいる。

かぐや姫の ワンポイントアドバイス

①は、相手に〝見られる〟主観的な立場。②③は、相手を〝見る〟客観的な立場からの気持ちを表すわ。

かたへ【片方】名 ★

訳語

①そば

②仲間

もう片方の、部分や人

文字通り「片方」という意味が原義です。ペアのうちの一方や、全体の一部を表します。

イメージ変換ワード

肩へ（手を置く）

学習ポイント

他にも「一部分」「傍らの人」などの意味があるので、文脈に合うよう訳し分ける。

①**かたへ**の人にあひて、「年ごろ思ひつること、果たし侍りぬ」（中略）とぞ言ひける。（徒然草）

訳 **そば**にいる人に向かって、「長年の間、願っていたことを果たしました」と言ったのだった。

例文は、『徒然草』の「仁和寺（にんなじ）にある法師」の中の一文。仁和寺という寺にいたある法師が、「悲願だった石清水八幡宮（いわしみずはちまんぐう）に参詣した。すばらしかった。それにしても参詣に来た人々が山に登っていくのはなんだったんだろう」と仲間に話す。実は山の上に石清水八幡宮の本殿があるのだが、そこには参らず、ふもとにある極楽寺などの末社のみ参詣していた、という笑い話。

「小さなことにも、指導者はあってほしいものだ」という教訓になっている。

②腹ぎたなき**かたへ**の教へおこするぞかし。（源氏物語）

訳 意地の悪い**仲間**が（居場所を）教えてこちらへよこしたのであるよ。

かぐや姫のワンポイントアドバイス

同意語の「かたはら（＝そば）」は、現代語でも同じ意味で使われているわよね。

関連語

同 かたはら【傍ら】（名）そば

かたらふ ★

【語らふ】動・ハ行四段

訳語

①交際する
②約束する
③説得する

くり返し語り、交際する

読み方は「カタロー」「カタラウ」。「語る」の未然形に反復・継続の助動詞「ふ」がついたもので、「繰り返し語る」という意味が原義です。

イメージ変換ワード

語ろう

説得する

ねぇ彼女 一緒に語ろう

↩ナンパ

約束する

渋谷で5時 待ってるよ

ウン わかった

学習ポイント

現代語の意味と同じ「語り合う」という意味もあるが、①と②の意味が重要。

①その国にありける女をかたらひけるほどに、（中略）この本の妻をば忘れにけり。（今昔物語集）

訳 その国にいた女と交際していたうちに、この本の妻のことを忘れてしまった。

②昔、男、みそかにかたらふわざもせざりければ、（中略）よめる。（伊勢物語）

訳 昔、男が、こっそりと将来の約束をすることもしなかったので、（女に歌を）詠んだ。

③かぐや姫にかたらふやう、「かくなむ帝の仰せたまへる。なほやは仕うまつり給はぬ」（竹取物語）

訳（翁が）かぐや姫に説得することには、「このように帝はおっしゃった。これでもやはり、（帝に）お仕えをなさらないのか」

「かく（＝このように）」とは、帝の「かぐや姫を宮仕えに出したなら、翁に五位の位を与える」という言葉のこと。

かぐや姫のワンポイントアドバイス

「約束」は、結婚などの男女の約束を表すことが多いわ。

関連語

類 うちとく【打ち解く】（動）

→P.462

かづく ★★

【被く】

動・カ行四段／カ行下二段

もとは「頭にのせる」「衣服を肩にかける」という意味でした。そこから「ほうびを与える」「ほうびをいただく」という意味が生まれました。

いただく、与える

訳語

［四段活用］
①かぶる

［四段活用］
②ほうびをいただく

［下二段活用］
③かぶせる

［下二段活用］
④ほうびを与える

イメージ変換ワード

数、食う

学習ポイント

活用で意味を見分ける。四段活用のときは①と②、下二段活用のときは③と④の意味になる。

①足鼎を取りて、頭にかづきたれば、（中略）満座興に入る事かぎりなし。（徒然草）

訳（一人の僧が）足鼎（＝三本足のついた釜）を取って、頭にかぶったところ、一座の人はみな、この上なくおもしろがった。

②大将も物かづき、忠岑も禄たまはりなどしけり。（大和物語）

訳大将も物（＝ほうびの衣服）をいただき、忠岑も禄（＝ほうび）を賜るなどした。

③円居する 身に散りかかる もみぢ葉は 風のかづくる 錦なりけり（伊勢集）

訳輪になって座っている（私の）身に散りかかる紅葉の葉は、風がかぶせてくれる錦（の衣）であるなあ。

④御衣ぬぎてかづけたまひつ。（竹取物語）

訳（中納言は）お着物を脱いで、（倉津麻呂に）ほうびとしてお与えになった。

かぐや姫のワンポイントアドバイス

ほうびの衣服をいただくときは、左肩にかぶせてもらう習慣があったの。そこから「いただく」意味も持つようになったのよ。

関連語
かづく【潜く】（動）水にもぐる

かどかどし

【才才し／角角し】 形・シク

訳語

①［才才し］才気がある

②［角角し］とげとげしい

才気がある or 角がある

漢字は二通りあり、「才才し」と書けば、「才気がある」。「角角し」と書けば、「とげとげしい」という意味になります。どちらも名詞が重なり、形容詞になったものです。

イメージ変換ワード

角（かど）（オセロの角）

学習ポイント

「かどかどし［才才し］」は気転がきくことを表すのに対し、類義語の「ざえざえし［才才し］」は、学識がありそうな様子を表す。

例文

①そこはかとなく気色ばめるは、うち見るにかどかどしく気色だちたれど、（中略）なほ実になむよりける。（源氏物語）

訳どことなく気どっている（手紙）は、ちょっと見ると、才気があり気がきいているようだけれど、（そうではなく）やはり本物のほうに心は惹かれるものです。

②いと押し立ち、かどかどしきところものし給ふ御方にて（中略）もてなしたまふなるべし。（源氏物語）

訳（弘徽殿の女御は）とても我が強く、とげとげしいところがおありになるお方で、（帝のお気持ちなど無視なさって）振る舞われているのだろう。

関ただ走り書きたる趣の、ざえざえしくはかばかしく、仏神も聞き入れ給ふべき言の葉明らかなり。（源氏物語）

訳ほんの走り書きをしたものの趣が、いかにも学識がありそうでしっかりしていて、仏や神も聞き入れなさるに違いないほど言葉がはっきりしている。

かぐや姫の ワンポイントアドバイス

現代でも「角が立つ」とか「角が取れる」という表現をするわよね。これは「角角し」のとげとげしいという意味が元になっているのよ。

関連語

1 かど【才】（名）1 才能 2 才気

類 さかし【賢し】（形）→P.424

類 ざえざえし【才才し】（形）学識がありそうだ

かなし ★★

【愛し・悲し】形・シク

訳語

①［愛し］いとしい・かわいい

②［悲し］悲しい

胸がギュッとする

胸がギュッとなるほど対象に愛情を感じることが原義です。「愛し」「悲し」ともに、根本的には同じ感情から来ています。

イメージ変換ワード

蚊、なし

いとしい・かわいい

快適

蚊取り線香

学習ポイント

入試で重要なのは①の意味。親子間、夫婦間、恋人間を描いた場面でよく使われる。

①かなしからん親のため、妻子のためには恥をも忘れ、盗みもしつべき事なり。（徒然草）

訳いとしい親のため、妻子のためには恥をも忘れ、盗みもしかねないことである。

②かぎりとて　別るる道の　かなしきに　いかまほしきは　命なりけり（源氏物語）

訳今を限りとして、お別れする死出の道が悲しいのにつけ、私が行きたいのは生きていく方の命の道なのです。

「いか」は、「行か」と「生か」との掛詞。例文は、桐壺更衣が最後に帝に送った、辞世の歌。

関ひとつ子にさへありければ、いとかなしうし給ひけり。（伊勢物語）

訳その上ひとりっ子だったので、とてもかわいがっていらっしゃった。

自然が対象になるときは「強く心がひかれる」という意味になり、深い感動を表すのよ。

関連語

1かなしうす【愛しうす】（動）
かわいがる

088

かまふ ★

【構ふ】動・ハ行下二段

訳語

①組み立てる

②準備する

③計画する

心の中で組み立てる

噛(か)み合わせて組み立てる、というのが原義です。心の中であらかじめ組み立てることから、準備する、計画するという意味にもなります。

イメージ変換ワード

（子どもに）構う

学習ポイント

「準備する」の意味では、「まうく」「いそぐ」が類義語。「計画する」の意味では、「はかる」が類義語。

例文

①居屋ばかりをかまへて、はかばかしく屋を造るに及ばず。（方丈記）

訳 仮住まいだけを造って、しっかりと屋敷を造るまではいかない。

②綱をかまへて、（中略）ふと子安貝を取らせ給はんなむ、よかるべき。（竹取物語）

訳 綱を用意して、さっと子安貝をお取らせになるのがよいでしょう。

③いかにかまへて、ただ心やすく迎へ取りて、明け暮れの慰めに見む（源氏物語）

訳 何とか計画して、ただあっさりと（若紫を）迎え入れて、明け暮れの慰めに見よう。

関 例にならひて懐にまうけたる柄短き筆など、御車とどむる所にてたてまつれり。（源氏物語）

訳（惟光は、）いつものように懐に用意してあった柄の短い筆を、お車が止まった所で（光源氏に）差し上げた。

③の「計画する」は、悪い意味で使われるときは「たくらむ」「でっちあげる」と訳すといいわね。

関連語

1 かまへて【構へて】（副）→P.166

類 いそぐ【急ぐ】（動）1準備する 2急ぐ

類 まうく【設く・儲く】（動）準備する

類 はかる【計る・量る・謀る】（動）→P.310

かまへて ★

【構へて】副

訳語

①必ず

②［打消・禁止と呼応して］決して（～ない）

必ずやれ！ 決してするな！

動詞「構ふ（＝準備する、計画する）」の連用形に助詞「て」がつき、一語の副詞となったものです。

イメージ変換ワード

構えて

学習ポイント

下に命令や意志の語があるときは①の意味、下に禁止や打消の語があるときは②の意味となるので区別する。

①かまへて、まろが面おこすばかり、よき歌つかうまつれ。（増鏡）

訳 必ず、私（＝後鳥羽院）の面目をほどこすぐらい、すばらしい歌をお詠み申し上げよ。

後鳥羽院は、千五百番歌合という、中世で最大規模の歌合を主催した。歌合は、歌人が左右二組に分かれて優劣を競う。例文は、宮内卿（＝後鳥羽院に仕える女房）が出場する際、後鳥羽院が期待を寄せて告げた言葉。

②相かまへて、念仏おこたり給ふな。（平家物語）

訳 決して念仏を怠りなさるな。

関 この御社の獅子の立てられやう、さだめて慣らひあることに侍らん。（徒然草）

訳 このお社の獅子の（変わった）立てられ方は、きっと由緒があることでございましょう。

かぐや姫の ワンポイントアドバイス

『平家物語』では、例文②のように「相かまへて」（「相」は強調）の形で、よく出てくるわ。

関連語

1 かまふ【構ふ】（動）
→P.164

類 さだめて【定めて】（副）
→P.465

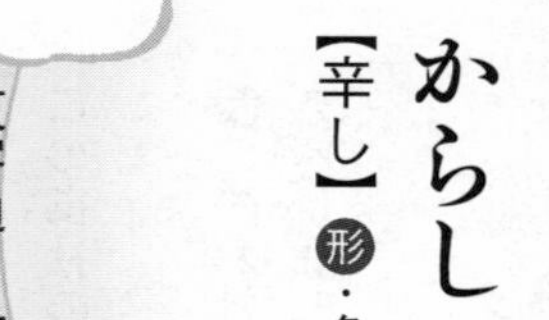

からし

【辛し】形・ク

訳語

①つらい

②ひどい

③危ない

味覚的、精神的につらい

文字通り「味が辛い」というのが原義です。③の意味は、現代語で「からくも逃げ切った」などと言うときと同じ意味です。

イメージ変換ワード

辛し

学習ポイント

後ろの動詞や名詞など、文脈によって意味を判断する。

例文

① 故宮おはしましし世を、などてからしと思ひけむ。（源氏物語）

訳 故宮の御在世中だったころを、なぜつらいなどと思ったのでしょうか。

② 「恨めしく我をば煮て、からき目を見するものかな」と言ひけり。（徒然草）

訳 （豆が）「恨めしいことに私を煮て、ひどい目にあわせることよ」と言った。

③ からき命まうけて、久しく病みゐたりけり。（徒然草）

訳 （法師は）危ない命を拾って、長い間患っていたそうだ。

関 さすがに、つらき人の御前渡りの待たるるも心弱しや。（源氏物語）

訳 そうはいってもやはり、薄情な人（＝光源氏）のお通りを待たれているのも、意志が弱いことよ。

かぐや姫のワンポイントアドバイス

味覚的に辛いという意味が元となって、それが精神的な辛さを表すようになったのよ。

関連語

類 つらし【辛し】（形）→P.469

きこしめす★

【聞こし召す】敬動・サ行四段

訳語

①お聞きになる 尊

②召し上がる 尊

③お治めになる 尊

「聞く」「食ふ」「治む」の 尊

「きこす（=お聞きになる、おっしゃる）」に尊敬の補助動詞「めす」がついた語です。さまざまな意味があるので、文脈から判断しましょう。

イメージ変換ワード

気功、示す（気功師が示す）

お聞きになる

ハッ

召し上がる

お治めになる

学習ポイント

②の「召し上がる」という意味が最も重要。

①語りいでさせ給ふを、上もきこしめし、めでさせ給ふ。（枕草子）

訳（中宮様が）お話しになるのを、帝もお聞きになり、感心なさる。

②きたなき所の物きこしめしたれば、御心地悪しからむものぞ。（竹取物語）

訳（かぐや姫は）きたない所（＝地上界）の物を召し上がったので、きっとご気分が悪いに違いない。

月からかぐや姫を迎えに来た使者の言葉。

③桜花 今盛りなり 難波の海 押し照る宮に 聞こしめすなへ（万葉集）

訳桜の花は今、まっ盛りである。難波の海の光り輝く宮で（帝が世の中を）お治めになるその時に。

「なへ」は、「～につれて」「～にあわせて」など、ある物事と同時に別の物事が行われていることを表す接続助詞。

「きこしめす」は、「きこす」よりも敬意が高く、天皇や皇后に対して用いられることが多いわ。

関連語

1 きこす【聞こす】（敬動）
1お聞きになる　2おっしゃる　→P.483

★★

きこゆ

【聞こゆ】動 敬動・ヤ行下二段

訳語

①聞こえる

②評判になる

③わかる

④申し上げる 謙

～し申し上げる［謙の補動］

一般動詞 or 謙譲語

動詞「聞く」に、自発の助動詞「ゆ」がついたもの。もともとは①～③の意味の一般動詞として使われていましたが、平安時代に④の「言ふ」の謙譲語としての用法が生まれました。

イメージ変換ワード

気功、湯（気功師が湯）

学習ポイント

敬意を含まない一般動詞としての用法（①～③）なのか、謙譲語としての用法④なのかは、文脈によって判断する。

例文

①鶴は、いとこちたきさまなれど、鳴く声雲居までききこゆる、いとめでたし。（枕草子）

訳 鶴は、非常に大げさな姿であるが、鳴く声が天まで聞こえるのは、たいそうすばらしい。

②きこゆる常葉こそ、召し出だされて参りたれ。（平治物語）

訳（美人として）評判である常葉御前が、（平清盛から）お呼び出しを受けて、参上したのだ。

③小童の肩をおさへて、きこえぬ事ども言ひつつ、よろめきたる、いとかはゆし。（徒然草）

訳（酔った法師が）子どもの肩を押さえて、わけのわからないことなどを言いながら、よろめいているのは、とても見るに忍びない。

④きこゆれば恥づかし、きこえねば苦し。（伊勢物語）

訳（ありのままに）申し上げると恥ずかしいし、申し上げないと心苦しい。

かぐや姫のワンポイントアドバイス

「きこゆ」は「まうす」よりもやわらかい表現で、平安女子によく使われていたのよ。

関連語

1 きこえ【聞こえ】（名）うわさ・評判

2 きこえさす【聞こえさす】（敬動）→P.42

類 まうす【申す】（敬動）→P.483

ぐす

【具す】 動・サ行変格

★★

訳語

①そろう

②一緒に行く

③連れて行く

離れずに一緒にいる

二つの物や人が、共にある状態です。自動詞のときは①か②、他動詞のときは③の意味になります。

イメージ変換ワード

グスッ

連れて行く

店員

迷子

グスッ

いらっしゃい

学習ポイント

自動詞と他動詞を、きちんと訳し分けることが重要。活用（サ行変格活用）もあわせて覚えておく。

例文

①人ざま、容貌など、いとかくしも具したらむとは、え推し量りたまはじ。（源氏物語）

訳（玉鬘の）人柄や顔立ちなどが、本当にこれほどまでに備わっていようとは、とてもご想像なされないだろう。

②日ごろ申ししやうに、われは一門に具して西国の方へ落ちゆくなり。（平家物語）

訳平生から申していたように、私は（平家）一門と共に西国の方へ逃げていくのだ。

③この衣着つる人は、物思ひなくなりにければ、車に乗りて、百人ばかり天人具して昇りぬ。（竹取物語）

訳この羽衣を着た人（＝かぐや姫）は、思い悩むということもなくなってしまったので、車に乗って、百人ほどの天人を引き連れて（天に）昇ってしまった。

かぐや姫のワンポイントアドバイス

他動詞として使われる場合、物を対象にするときは「添える」という意味になるから注意してね。

関連語

同ゐる【率る】（動）1連れて行く　2携帯する

くちをし

★★

【口惜し】形・シク

訳語

①残念だ

②つまらない

期待はずれで、残念……

自分の期待通りにならなかったことに対して、失望する気持ちを表します。

イメージ変換ワード

口、押し（口に押し込む）

学習ポイント

類義語「くやし」は、自分自身の過去の反省や後悔の気持ちを表す。

例文

①君おはしまさむとしつるほどに、かかる雨なれば、くちをしと嘆かせたまふ。（落窪物語）

訳 ご主人がお出かけになろうとしたときに、このような（ひどい）雨なので、残念だとお嘆きになる。

②ただ言ふ言葉も、口惜しうこそなりもてゆくなれ。（徒然草）

訳 普通の話し言葉も、（しだいに嘆かわしく）つまらないものになってていくようだ。

『徒然草』第二十二段「何事も、古き世のみぞ」の一文。作者・兼好法師は、「何事も昔と違い、今時（いまどき）のものはもっぱら下品になっている」と嘆く。「器物（うつわもの）（＝容器や道具など）も手紙も、昔のものは素晴らしい」と言い、言葉遣いの変化については具体的な例を挙げて説明している。

「くちをし」と感じる対象は、天候や世間など、自分以外のものよ。

関連語

類 くやし【悔し】（形）残念だ、悔やまれる

類 ほいなし【本意なし】（形）1残念だ　2物足りない

くまなし ★★

【隈なし】形・ク

訳語

①暗いところがない
②何でも知っている
③抜け目がない

ハッキリ見える!

「隈」とは、物陰や暗がりのこと。暗い部分がなく、はっきり見える状態を表します。

イメージ変換ワード

(目の下の) クマ、なし

学習ポイント

②と③の意味は、①の「暗いところがない」という意味が、人の性質にも使われるようになったもの。

例文

①花はさかりに、月はくまなきをのみ見るものかは。（徒然草）

訳 桜の花は満開のときだけを、月は曇ったところもなく明るい満月だけを見るものだろうか、いや、そうではない。

②くまなき物言ひも、定めかねて、いたくうち嘆く。（源氏物語）

訳（女性については）何でも知っている口達者（＝左馬頭）も、（理想の妻像については）結論を出しかねて、深くため息をつく。

③おのれもくまなき好き心にて、（中略）しひておはしまさせ初めてけり。（源氏物語）

訳 自分（＝惟光）も抜け目のない好色心で、無理に（光源氏を女性のもとへ）お通い始めさせてしまった。

現代でも「目の下にクマができる」とか「くまなく探す」などと言うわよね。その「くま」と同じイメージよ。

関連語

①くま【隈】（名）１（川や道の）曲がり角　２人目につかないところ・物陰　３欠点

096

けしからず ★

【怪(異)しからず】 連語

訳語

①異様だ

②ひどい

けしからず＝けし

形容詞「けし」に打消の助動詞「ず」がついたものですが、否定ではなく、「けし」を強めた意味になるので注意しましょう。非常に変わっているものに対して、非難する気持ちを表します。

イメージ変換ワード

消し、空(から)（消して空(から)にする）

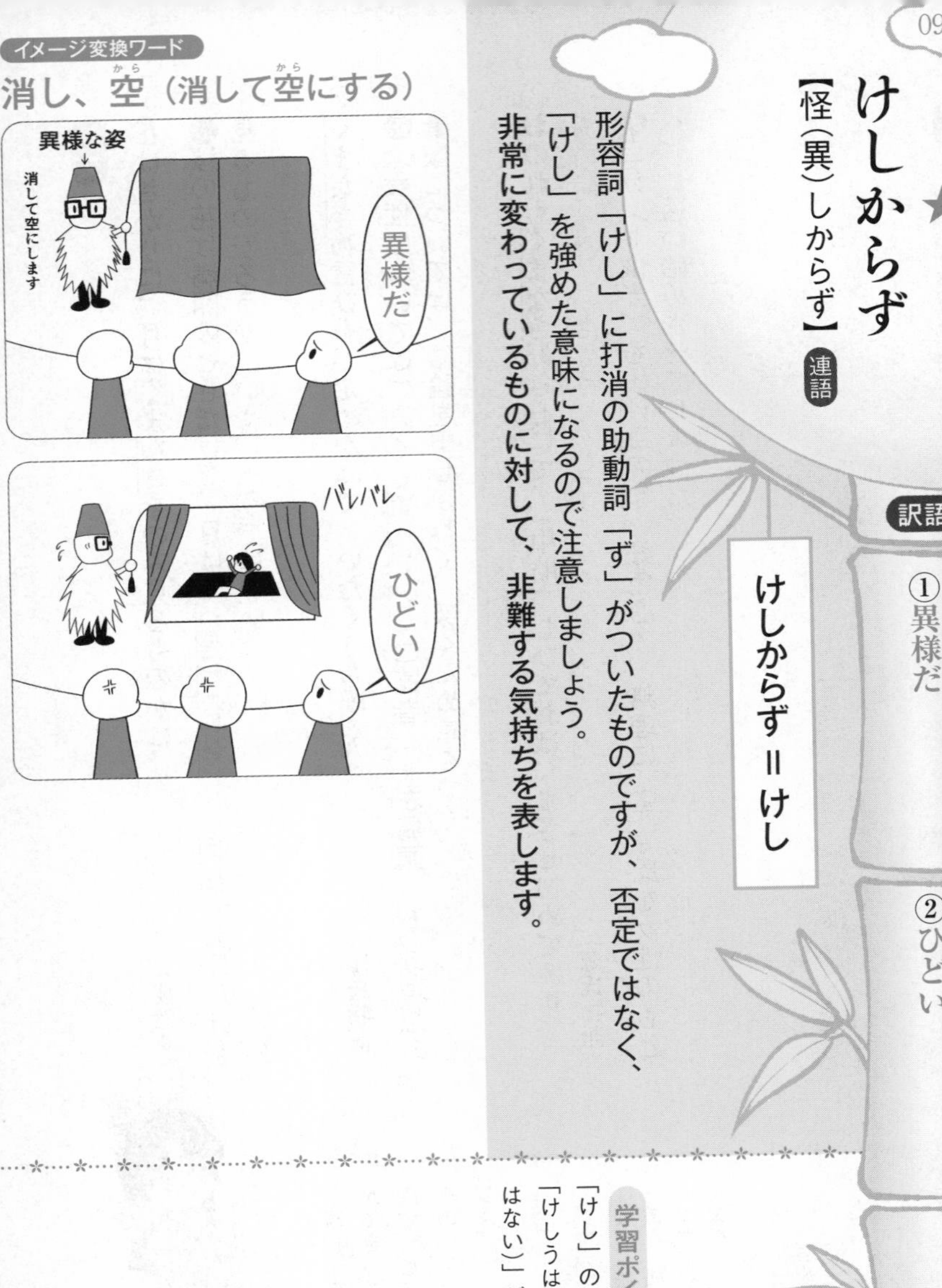

学習ポイント

「けし」の反対語としては「けしうはあらず（＝悪くはない）」が用いられた。

例文

①木霊(こたま)など言ふ、けしからぬかたちもあらはるるものなり。（徒然草）

訳 木の精などという、異様な形のものも、現れるものである。

②よき人のおはしますありさまなどの、いとゆかしきこそ、けしからぬ心にや。（枕草子）

訳 高貴な方がいらっしゃるご様子などが、とても知りたいのは、とんでもない心であろうか。

関 けしう、心置くべきこともおぼえぬを、なにによりてか、かからむ。（伊勢物語）

訳 変だ、（女が）気にかけるに違いないことも思い当たらないのに、どうしてこのように（出ていってしまうということに）なるのだろう。

「けしう」は、「けし」の連用形「けしく」がウ音便で変化したもの。

例文は、男に嫌気がさした妻が出て行ってしまい、男は理由がわからず泣く場面。

かぐや姫のワンポイントアドバイス

現代語でも「ず」が打消の意味でない言葉に、「負けず嫌い」などがあるわよね。

関連語

1 **けし【怪し・異し】**（形）
1不思議だ　2異様だ　3ひどい

2 **けしうはあらず【怪（異）しうはあらず】**（連語）悪くはない

けやけし ★

【異やけし】形・ク

訳語

①目立っている

②際立っている

③はっきりしている

よくも悪くも、目立っている

普通と異なり、目立った状態を表します。プラスの意味とマイナスの意味の両方があります。

イメージ変換ワード

欅（けやき）

学習ポイント

よい場合は「際立って素晴らしい」、悪い場合は「際立って悪い」「異様だ」などと訳す。

例文

①めざましかるべき際(きは)は、けやけうなどもおぼえけれ。（源氏物語）

訳 意外とつまらない身分の者は、目立ったことをするなどとも思われた。

「けやけう」は、連用形「けやけく」のウ音便。

②けやけき寿(いのち)持ちて侍る翁(おきな)なりかし。（大鏡）

訳 （私は）きわだった（長い）寿命を持っております老人であることよ。

『大鏡』は、主に藤原道長について書かれた歴史物語。道長の功績だけでなく、権力闘争についての批判的な内容も多い。百九十歳の大宅世継(おおやけのよつぎ)と百八十歳の夏山繁樹(なつやまのしげき)という二人の老人が語り合い、それを聞いている若侍が質問するという問答形式がとられている。例文は、大宅世継の言葉。

③人の言ふほどの事、けやけく否(いな)びがたくて、よろづえ言ひ放(はな)たず、心弱くことうけしつ。（徒然草）

訳 （京の都の人は）人が言うようなことは、きっぱりと断りにくくて、万事思うままに言うことができず、気弱く承諾してしまう。

「けやけし」は、どちらかといえば悪い意味で使われることが多いわ。

こうず ★

【困ず】動・サ行変格

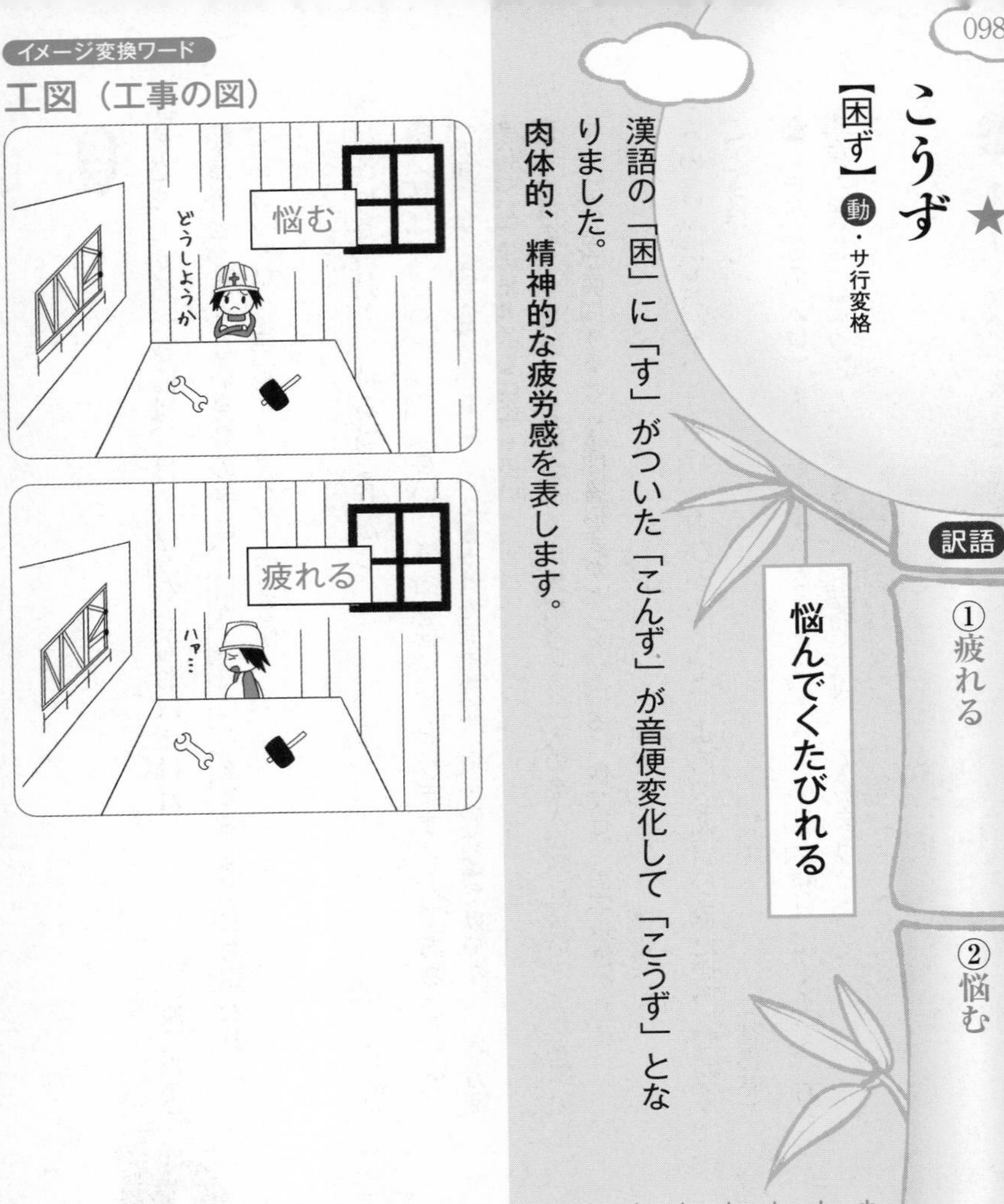

訳語

①疲れる

②悩む

悩んでくたびれる

漢語の「困」に「す」がついた「こんず」が音便変化して「こうず」となりました。肉体的、精神的な疲労感を表します。

イメージ変換ワード

工図（工事の図）

学習ポイント

入試に出るのは、①の「疲れる」の意味。「困る」の意味では、「わぶ」がよく使われる。

①このごろ物の怪にあづかりて、困じにけるにや。（枕草子）

訳（この祈祷師は）このごろ、物の怪の調伏に関わっていて、疲れてしまったのであろうか。

例文は、『枕草子』の「にくきもの」の一節。癪に障るものとして、急用があるときに長話をする客や、寝ぼけ声の祈祷師の例が挙げられている。

②「いかに、いかに」と、日々に責められこうじて、さるべきをりうかがひて、消息しおこせたり。（源氏物語）

訳「どうなのか、どうなのか」と、毎日責められ悩んで、適当な機会をねらって、手紙をよこした。

関悩ましきに、いといたう強ひられて、わびにてはべり。（源氏物語）

訳気分が悪いところに、とてもひどく（お酒を）無理強いされて、どうにも困ってしまっております。

①の意味は、現代語の「疲労困憊」の「困」と覚えればいいわね。

関連語

類わぶ【侘ぶ】（動）1困る・心細く思う 2嘆く 3［補助動詞として］～しかねる

ここら・そこら ★

副

訳語

①たくさん

②たいそう

many と very

数や量の多さ、あるいは、程度のはなはだしさを表します。英語でいうmany（①たくさん）と、very（②たいそう）に相当します。

ここらへん・そこらへん

学習ポイント

場所を表す「ここらへん」「そこらへん」と混同しないように注意。

例文

①ここら船に乗りてまかりありくに、また、かくわびしき目を見ず。（竹取物語）

訳 何度も船に乗ってあちこち航海いたしますが、まだ、このようなつらい目にあったことはない。

②こなたかなたの御送りの人ども、寺々の念仏僧など、そこら広き野に所もなし。（源氏物語）

訳 あちらこちらからの御葬送の人たち、寺々の念仏僧など、たいそう広い野原にすき間もない（ぐらい集まっている）。

関 そこばくのささげ物を木の枝につけて（伊勢物語）

訳 たくさんの捧げ物を木の枝にくくりつけて、

かぐや姫のワンポイントアドバイス

同意語の「あまた」は、「たくさん余った」と覚えましょう。

関連語

同 ここだ・そこばく（副）

同 あまた【数多】（副）

→P.396

100

こころぐるし ★★

【心苦し】形・シク

訳語

①つらい

②気の毒だ

自分はつらい、他人は気の毒

自分自身についてはつらいと思う感情を、他人については気の毒だと思う感情の両方を表します。

イメージ変換ワード

こころ（夏目漱石）、グルグル

学習ポイント

②の意味では、関連語「いとほし（＝気の毒だ）」と同意語になる。

①御使ひ、仰せごととて翁にいはく、「いと心苦しく物思ふなるは、まことか」（竹取物語）

訳御使者が、（帝の）お言葉だといって翁に言うには、「たいそうつらく思い悩んでいるというのは、本当か」。

翁は、かぐや姫からもうすぐ月の都から迎えが来て、帰らなければならないことを聞いて嘆き悲しんでいた。例文の場面では、帝からの使者を通して帝に家来を遣わしてもらえるよう頼み、月からの迎えが来た際に、かぐや姫を月に連れて行かれないよう画策する。

②山鳥、（中略）心若う、いとあはれなり。谷へだてたるほどなど、心苦し。（枕草子）

訳山鳥は、純情で、とてもしみじみと心がうたれる。（雌と雄が）谷を隔てて（離れて）いる時など、気の毒だ。

現代語の「心苦しい」は、相手に対して申し訳ないという意味で使われているわよね。この「こころぐるし」とは意味が異なるので注意してね。

関連語

同いとほし（形）→P.33

101

こころづくし ★★

【心尽くし】名

訳語

①物思いをすること　②気をもむこと

心が尽きるほどの物思い

名詞「心」に動詞「尽くす」がつき、名詞化した語。心の中が尽きるぐらい、思いをめぐらすことです。

イメージ変換ワード

こころ（夏目漱石）、つくし

学習ポイント

「真心」や「親切」を表す現代語の「心尽くし」とは意味が異なるので注意。

①木の間より漏りくる月の影見れば心づくしの秋は来にけり（古今和歌集）

訳木の間から漏れてくる月の光を見ると、物思いをする秋が来たのだなあ（と実感する）。

「影見れば」の「ば」は順接確定条件「～すると」の意で使われている接続助詞。「秋は来にけり」の下に、「実感する」「気づく」といった表現が省略されている。

②まだかやうなる事をならはざりつるを、心づくしなることにもありけるかな。（源氏物語）

訳まだ、このような（女性を連れ出す）ことを経験しなかったが、気をもむことでもあったことよ。

関「ただ秋の月の心を見はべるなり」と申せば、「さもいひつべし」と仰せらる。（枕草子）

訳「ただ秋の月の情趣を見ているだけでございます」と申すと、（中宮さまは）「（なるほど）そうも言えるだろうね」とおっしゃる。

清少納言の言葉は、中国の白居易の詩「琵琶行」から「ただ秋の月の白いのを見ている」という部分を引用し、アレンジしたもの。

「心づくし」は、秋の情趣を表す言葉だったのよ。昔から秋は、センチメンタルな季節だったのよね……。

関連語

① こころ【心】（名）1精神　2思いやり　3情趣　4意味

類ながむ【眺む】（動）→P.286

類ながめ【眺め】（名）1物思い　2眺望

こころもとなし ★★

【心許無し】形・ク

訳語

①はっきりしない

②不安だ

③待ち遠しい

はっきりしなくて不安

「心」に「もとな（＝「むやみに」の意の副詞）」が付き、形容詞になった語です。

気持ちだけが先走り、不安や焦りを感じる状態を表します。

イメージ変換ワード

こころ（夏目漱石）、元栓なし

学習ポイント

特に②と③の意味が重要。

①せめて見れば、花びらのはしに、をかしき匂ひこそ心もとなう付きためれ。（枕草子）

訳（梨の花は）しいて見ると、花びらの端に、趣のある色つやが、ぼんやりと付いているようだ。

「心もとなう」は、連用形「心もとなく」のウ音便。

②さらに心もとなくて、舟に乗りて追風吹きて、四百余日になむまうで来にし。（竹取物語）

訳ますます不安になって、舟に乗ったところ追い風が吹いて、四百日あまりで帰って参りました。

③かたく封じたる続飯などあくるほど、いと心もとなし。（枕草子）

訳（恋文で）固く封をしている続飯などを開ける時は、とてもじれったい。

「続飯」は飯粒を練った糊のこと。

かぐや姫のワンポイントアドバイス

現代でも「心もとない」は、「不安だ」という意味で使われているわね。

関連語

同おぼつかなし【覚束無し】（形）→P.412

対こころやすし【心安し】（形）1安心だ　2親しい　3容易だ

103

こちたし ★★

【言甚し・事甚し】形・ク

訳語

①わずらわしい

②大げさだ

③非常に多い

うわさが多くて、わずらわしい

漢字で表したときの「甚(いた)し」は、「はなはだしい」という意味です。「人のうわさが多くて、わずらわしい」というのが語源です。

イメージ変換ワード

こっち、足して

学習ポイント

「大げさだ」という意味では、「おどろおどろし」「ものものし」が同意語。

例文

①人言はまことこちたくなりぬともそこに障らむ我にあらなくに（万葉集）

訳 人のうわさは本当にわずらわしくなったとしても、そんなことに（あなたとの恋を）妨げられるような私ではないことよ。

②いと多く引きつづき給へる、いきほひこちたきを見るに、並ぶべくもあらぬぞ屈しいたかりける。（源氏物語）

訳（上達部、殿上人なども）たいそう多く引き連れなさっている、勢力の大げさなのを見ると、肩を並べることもできない自分を思って、気が滅入ってつらかった。

③菊の露もこちたく、（中略）ややもせば降り落ちぬべく見えたるもをかし。（枕草子）

訳 菊の（花に降りた）露もとても多く、ややもすると、（雨が）きっと降ってきそうに見えているのも趣がある。

かぐや姫のワンポイントアドバイス

現代で言うと、芸能人が大げさにいろんなうわさを書き立てられて、わずらわしいと思う気持ちと同じかもしれないわね。

関連語

同 おどろおどろし（形）
→P.126

同 ものものし【物物し】（形）
1 立派だ　2 大げさだ

こちなし【骨無し】（形）
1 無骨（ぶこつ）だ　2 無作法（ぶさほう）だ　3 無風流（ぶふうりゅう）だ

こまやかなり ★

【細やかなり】 形動・ナリ

訳語

①くわしい

②愛情が深い

③色が濃い

④にこやかだ

きめ細やかな、色や愛情

「細々（こまごま）している」という意味もありますが、他にも多くの意味があります。色や愛情が、きめ細かく行き届いている様子を表します。

イメージ変換ワード

こま

学習ポイント

対義語は「おろかなり（＝いいかげんだ・不十分だ）」。いろいろな面において、大ざっぱでいいかげんな様子を表す。

①いとこまやかに、ありさま問はせ給ふ。（源氏物語）

訳（帝は）とても詳しく、様子をお尋ねになる。

②「今はなほ、昔の形見になずらへてものしたまへ」など、こまやかに書かせたまへり。（源氏物語）

訳今はやはり、（若宮を）亡くなった人（＝桐壺更衣）の形見と思って、参内なさい」などと、愛情深くお書きになってある。

例文は、帝が桐壺更衣の母へ送った手紙。

③御衣（おんぞ）の色などもいとこまやかなるもあはれなり。（栄花物語）

訳（幼い宮たちの）御喪服の色なども非常に濃いのも、しみじみ悲しい。

④御文（ふみ）を御覧じつけて、こまやかに笑ひたまふ。（源氏物語）

訳お手紙をお見つけになって、にこやかにお笑いになる。

かぐや姫のワンポイントアドバイス

現代でも「愛情こまやかだ」などと、②の意味で使われているわね。

関連語

対おろかなり【疎かなり】（形動）→ P.142

105

さうざうし ★★

形・シク

訳語

① 物足りない

② 寂しい

あるはずのものがない……

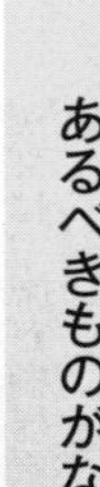

読み方は「ソウゾウシ」。漢語「索（さく）（空虚、寂しさ）」が形容詞「索々（さくさく）し」になり、さらにウ音便化したものです。あるべきものがなく、満たされない気持ちを表します。

イメージ変換ワード

想像

学習ポイント

現代語の「騒々しい」とは正反対の意味なので、注意すること。

①よろづにいみじくとも、色好まざらん男は、いとさうざうしく、玉のさかづきの底なき心地ぞすべき。（徒然草）

訳 万事に優れていても、恋愛感情を理解しないような男は、非常に物足りなく、立派な杯の底がないような気持ちがするものだ。

「色好み」は、現代では非難するニュアンスで使われるが、平安時代には「風流を解する」や「恋愛の情を理解する」という高尚な意味で使われていた。

②この酒をひとりたうべんがさうざうしければ、申しつるなり。（徒然草）

訳 この酒を一人で飲みますことが寂しいので、（来られるよう）申し上げたのです。

「たうべん」は、「飲む」「食ふ」の丁寧語「たうぶ」の未然形に、助動詞「む（ん）」＝仮定・婉曲」がついたもの。この下に体言「こと」が省略されているので補って訳す。

かぐや姫のワンポイントアドバイス

相手がいなかったり、楽しみがなくて張り合いがない気持ちや、そこからくる空虚な気持ちを表すわ。

関連語

類 つれづれなり【徒然なり】（形動）→P.272

対 あく【飽く】（動）→P.68

★★

さうなし

【双無し・左右無し】 形・ク

訳語

［双無し］
①比類ない・すばらしい

［左右無し］
②あれこれ考えない・簡単だ

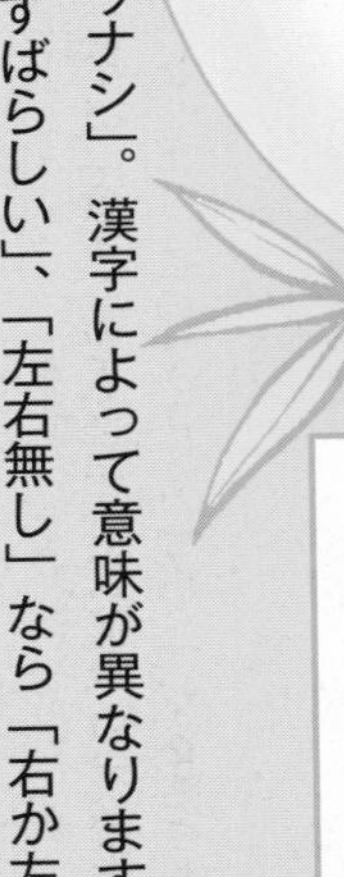

双無し or 左右無し

読み方は「ソウナシ」。漢字によって意味が異なります。「双無し」なら「二つとないほどすばらしい」、「左右無し」なら「右か左か考えるまでもないほど簡単だ」という意味になります。

学習ポイント

②の「左右無し」は、連用形「さうなく」の形で出てくることが非常に多い。

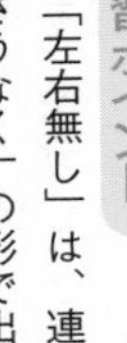

イメージ変換ワード

僧、無し

例文

①園（その）の別当（べったう）入道は、さうなき庖丁者（はうちゃうじゃ）なり。（徒然草）

訳 園の別当（べっとう）入道は、並ぶ者のない料理人である。

すぐれた料理人である園の別当入道は、自ら人々の前へ進み出て包丁さばきを披露する。しかし、その話を聞いた北山太政入道殿は、わざとらしい態度であると批判した。何事も、自然で素直な状態がよいという考え方は、徒然草全体のテーマとなっている。

②古くよりこの地を占めたるものならば、さうなく掘りすてられがたし。（徒然草）

訳（蛇が）昔からこの土地を占有しているものならば、（帝も）簡単に（蛇の塚を）掘り捨てなさるのは難しい。

関 昔、男、身は卑しくて、いと二なき人を思ひかけたりけり。（伊勢物語）

訳 昔、身分が低い男が、とてもこの上ない（ほど高貴な）人を恋慕っていた。

かぐや姫のワンポイントアドバイス

「左右無し」と「双無し」は実は別の単語なんだけど、混同しやすいので区別できるよう一緒に覚えましょう。

関連語

類 になし【二無し】（形）この上ない

さがなし ★★

【性無し】形・ク

訳語

①意地が悪い

②いたずらだ

生まれつきの性質が悪い

性(さが)とは生まれ持った性質のことで、それがよくないことを表します。子どもに対していう場合は、「いたずらだ」という意味になります。

イメージ変換ワード

差が無し（身長差がない）

学習ポイント

語幹「さがな」のついた「さがな目（＝意地悪な目）」や「さがな者（＝手に負えない者）」もよく使われる。

①東宮の女御のいとさがなくて、桐壺の更衣の、あらはにはかなくもてなされにし例もゆゆしう。（源氏物語）

訳 東宮の女御がとても意地悪で、桐壺の更衣が、露骨に粗末に扱われた例も不吉なことで。

②さがなき童べどものつかまつりける、奇怪に候ふことなり。（徒然草）

訳 いたずらな子どもたちがいたしました（ことで）、けしからんことでございます。

ある人が、神社の獅子と狛犬が背中合わせになっていることに感動していると、単なる子どものいたずらだと告げられる場面。

関 いとくまなき御心のさがにて、推し量りたまふにやはべらむ（源氏物語）

訳 （匂宮は、恋愛について）とても抜かりないお心の性質なので、ご推量なさるのではないでしょうか。

「さが」は悪い性質のことで、この場合の「なし」は強調よ。現代でも「口さがない（＝口汚い）」などと使われているわね。

関連語

1 さが【性】（名）　1性質　2習慣

さながら ★★

副

副詞「さ（＝そのように）」に、接続助詞「ながら」がつき、一語になったものです。
状態が変わらずに続くことを表します。

訳語

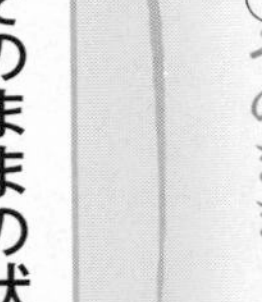
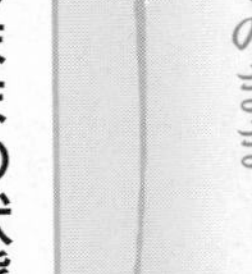

そのままの状態

①そのまま

②すべて

イメージ変換ワード

サナギ

学習ポイント

現代語と同じ「まるで」の意味で使われる場合は、下に「ごとし（＝〜のようだ）」がくることが多い。

①衣着ぬ妻子なども、さながら内にありけり。それも知らず、（中略）向かひのつらに立てり。（宇治拾遺物語）

訳 衣服を着ていない妻子なども、そのまま家の中にいた。（良秀は）それも気にせず、（家の）向かい側に立っていた。

②上の女房、さながら御送り仕うまつらせたまひける。（源氏物語）

訳 帝にお仕えする女房すべてに、（女二の宮の）お見送りをお務め申し上げさせなさった。

関 人のために恨みを残すは、しかしながら、わが身のためにてこそありけれ。（宇治拾遺物語）

訳 人のために恨みを残すのは、結局、自分の身に返ってくるのであった。

「にてこそありけれ」は、断定の助動詞「なり」の連用形「に」＋接続助詞「て」＋係助詞「こそ」＋ラ変動詞「あり」の連用形＋過去の助動詞「けり」の已然形。係助詞「こそ」がある場合、文末の活用形は已然形になる（＝係り結び）。

現代語と同じ「まるで」の意味で使われるようになったのは、鎌倉時代になってからよ。

関連語

同 しかしながら【然しながら】（副）1すべて　2結局

109

さはれ（さばれ）★★

【然はれ】連語

訳語

①どうにでもなれ・えい、ままよ

②しかし

ヤケクソだ！　でも……

「さ（副詞）＋は（助詞）＋あれ（動詞）」が変化したものです。やけくそな気持ちを表します。また、逆接の接続詞としても使われます。

イメージ変換ワード

触れ（さわ）

学習ポイント

入試では「さはれ」の訳語として、「ままよ（＝なるようになれ）」が選択肢で頻出なので、覚えておく。

①なに心地にかあらむ、そこはかとなくいと苦しけれど、さはれとのみ思ふ。（蜻蛉日記）

訳 何の病気であろうか、どことなく、ひどく苦しいけれど、どうにでもなれとばかり思う。

「にかあらむ」は、断定の助動詞「なり」の連用形＋係助詞「か」＋ラ変動詞「あり」の未然形＋推量の助動詞「む」の連体形。

通常、例文のように「なに」などの疑問語とともに使われ、「〜だろうか」と訳す。

②「さはれ、道にても」など言ひて、みな乗りぬ。（枕草子）

訳（女房たちは）「それはそうだが、（歌を詠むのは）道中でも（よいだろう）」などと言って、皆（牛車に）乗った。

清少納言たちがホトトギスの鳴き声を聞きに出かけた際の会話。

例文は、その後、雨が降ってきて急いで牛車に乗ろうとしたとき、「ホトトギスの鳴き声を聞いたのだから、ここで歌を詠んだ方がいいのでは」と言った人への返答。

かぐや姫のワンポイントアドバイス

動詞「さはる【障る】（＝妨げになる）」の已然形・命令形「さはれ」と間違えないように注意してね。

★★

さぶらふ・さうらふ

【候ふ】 敬動・ハ行四段

訳語

①謙 お仕え申し上げる

②あります 丁

③〜です・〜(でござい)ます
[丁の補動]

「仕ふ」の謙 or 「あり」「をり」の丁

「仕ふ」の謙譲語と、「あり」「居(を)り」の丁寧語の意味があるので、きちんと区別しましょう。

イメージ変換ワード

三郎（さぶろう）

学習ポイント

丁寧語は、平安時代には同意語の「はべり」が多く使われたが、鎌倉時代以降は「さぶらふ」「さうらふ」が使われるようになった。

例文

①女御(にょうご)、更衣(かうい)あまたさぶらひ給ひけるなかに、（中略）すぐれて時めきたまふ、ありけり。（源氏物語）

訳 女御や更衣(こうい)が大勢お仕えなさっていた中に、ひときわ（帝の）ご寵愛(ちょうあい)を受けておられる方があった。

②京にとく上げたまひて、物語の多くさぶらふなる、あるかぎり見せたまへ。（更級日記）

訳（私を）京に早くのぼらせなさって、物語がたくさんありますとかいう（その物語を）、すべてお見せください。

③大納言がことをば、いかが聞こしめされさうらふ。（平家物語）

訳 大納言のことを、どのようにお聞きになっていますか。

かぐや姫のワンポイントアドバイス

「さぶらふ」の読み方は「サブラウ」。「さうらふ」は「ソーロー」と読むわ。

関連語

同 はべり【侍り】（敬動）
→P.314

さらぬ ★★

【然らみ・避らぬ】連語

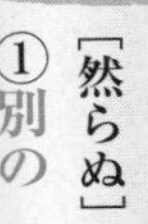

訳語

［然らぬ］
①別の

［避らぬ］
②避けられない

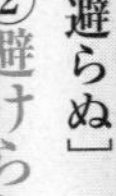
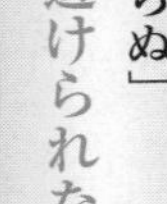
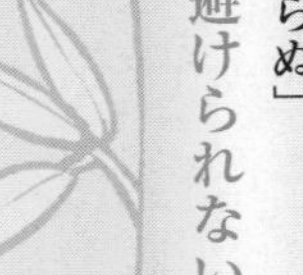
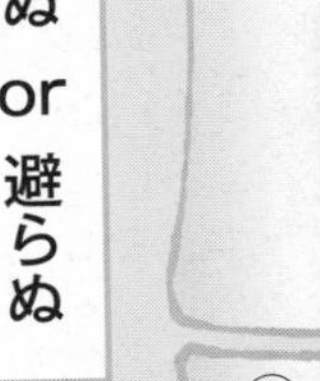

さあらぬ or 避らぬ

①は、「さ＋あら＋ぬ」が短くなったもので、「そうではない」「別の」という意味です。②は、動詞「避る」の未然形に打消の助動詞「ぬ」がついたもので「避けることができない」という意味です。

イメージ変換ワード

皿、ヌッ

学習ポイント

「さらぬ」は、その他にも「去らぬ（＝立ち去らない、過ぎ去らない）」の場合もあるので注意が必要。

①台盤所(だいばんどころ)には、内侍(ないし)ども、さらぬ女房たちも候(さぶら)ひけり。（古今著聞集）

訳台所には、内侍たちや、それ以外の女房たちもお仕え申し上げていた。

②また、ある時には、えさらぬ馬道(めだう)の戸をさしこめ、（源氏物語）

訳また、ある時には、避けることができない長廊下の戸を閉めて（桐壺更衣を）閉じ込め、

関老いぬれば さらぬ別れの ありといへば いよいよ見まく ほしき君かな（古今和歌集、伊勢物語）

訳年をとってしまうと、死別ということがあるというから、いっそう会いたいと思われるあなたであることよ。

「見まくほしき」は、「見まくほし（＝見たい・会いたいと思う）」の連体形。

かぐや姫の ワンポイントアドバイス

「避けられない」の意味は、「さらぬ別れ」（避けられない別れ→「死別」のこと）の形で、よく出てくるわ。

関連語

1 さらぬわかれ【避らぬ別れ】（連語）死別

類あらぬ【有らぬ】（連体）→P.86

さるは★

接続

訳語

①それというのは

②そうはいっても

前の内容を受けて、順接 or 逆接

「さ＋ある＋は」が短くなったものです。前の内容を受けて、補足説明をするための接続詞です。

①の順接の場合と、②の逆接の場合があります。

イメージ変換ワード

猿、輪

学習ポイント

接続詞としては、よく出題されるので注意する。

①さるは、限りなう心を尽くしきこゆる人に、いとよう似たてまつれるが、まもらるるなりけり。（源氏物語）

訳それというのも実は、この上なく心を尽くし申し上げる人（＝藤壺の女御）に、本当によく似申し上げていることが、じっと見つめてしまう理由なのであった。

光源氏がのぞき見をして、若紫に目を留める場面。

②うちとくまじきもの、えせ者。さるは、よしと人に言はるる人よりも、うらなくぞ見ゆる。（枕草子）

訳心を許せないものは、身分の低いつまらない者。そうではあるが、立派だと人に言われる人よりも、親しみやすく思われるものだ。

「えせ者」の「えせ」は、例文のような「つまらない」「劣っている」などの意味の他に、現代で使われる「エセ○○」と同じ「偽(にせ)の」という意味もある。

「うらなく」の「うら」は心のこと。そこから、「無心」「隠しごとがない」「心の隔たりがない」ことなどを表す。

かぐや姫の
ワンポイント
アドバイス

平安時代は、②の逆接の意味で使われる場合がかなり多いわ。

113

さるべき ★★

【然るべき】連語

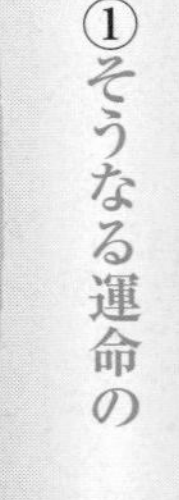

訳語

①そうなる運命の

②適当な

③立派な

さある＋べき（当然、適当）

ラ変動詞「さり」の連体形に、助動詞「べし」の連体形がついたものです。「そうなるはずの」が原義です。

イメージ変換ワード

猿、ベキッ！

学習ポイント

「さるべき」の「べし」の意味が「当然」のときは①、「適当」のときは②か③の意味となる。

例文

①さるべき契りこそは、おはしましけめ。（源氏物語）

訳 そうなる（＝桐壺の更衣と死別する）はずの前世からの因縁が、おありでいらっしゃったのだろう。

②成り上れども、もとよりさるべき筋ならぬは、世人の思へることも、さは言へど、なほ異なり。（源氏物語）

訳 出世して成り上がっても、もともとそれにふさわしい家柄でない者は、世間の人々の思っていることも、そうは言っても（＝位は高いが）、やはり違う。（世間の印象は悪いということ）

③行来の者、若き老いたる、さるべき人々、「ゆかしき事かな」とささめき合ひたり。（宇治拾遺物語）

訳 往来の者は、若い人も年老いた人も、立派な身分の人々も、「見たいものだなあ」と、ささやき合った。

「そうなる運命の」という意味は、前世の因縁と結びつけて考える、当時の人たちの宗教観からきているわ。「さるべきにやありけむ（＝そうなるはずの運命だったのだろうか）」という形でもよく使われるの。

関連語

1さるものにて【然るものにて】（連語）→P.216

さるものにて ★

【然るものにて】 

訳語

①もちろん

②もちろんだが

もちろん！ だが……

ラ変動詞「さる」＋「もの」＋断定の助動詞「に」＋接続助詞「て」。「そうあるもので」という原義から、「もちろん」という意味になりますが、逆接の意味でも使われます。

イメージ変換ワード

猿、物煮て

猿、物煮てちょうだい

もちろん

学習ポイント

「さ(＝そう)」は、指示副詞。同様の語に「さらぬ」「さるべき」などがある。

①わざとの御学問はさるものにて、琴笛の音にも雲居をひびかし、すべて言ひつづけば、ことごとしう、うたてぞなりぬべき人の御さまなりける。（源氏物語）

訳本格的なご学問は言うまでもなく、琴や笛の音色でも宮中に評判を立たせ、すべてを言い続けると仰々しくいやになってしまうほどの、若宮の（優れた）ご様子であった。

平安時代の学問とは、漢詩と漢文の知識のこと。公の文書はすべて漢文で書かれたため、男性には必須の知識とされた。女性は、漢文ではなくひらがなを使っていた。

②それもさるものにて、今ひときは心も浮きたつものは、春のけしきにこそあめれ。（徒然草）

訳それ（＝秋の情趣はまさること）も、もっともなことであるが、さらに一段と心も浮き立つものは、春の情景であるようだ。

「あめれ」は、「あめり」の「めり」が係り結びによって已然形となったもの（「こそ」に対応）。「あめり」は、動詞「あり」の連体形に推定の助動詞「めり」がついた「あるめり」が撥音便で「あんめり」となり、さらに「ん」が省略された形。

かぐや姫の
ワンポイント
アドバイス

①②ともに、心の中に浮かべた物事を、いったん、認めるニュアンスよ。「さるものにて」の前よりも後ろの内容が重要な場合は、②の意味になるわ。

関連語

1さるべき【然るべき】（連語）
→P.214

したたむ★

【認む】動・マ行下二段

訳語

①整理する

②準備する

③食べる

きちんと処理する

抜かりなく処理するというのが原義です。事前に処理する場合は②、食べ物を処理する場合は③の意味となります。

イメージ変換ワード

下、たたむ（下で畳む）

学習ポイント

動詞に付き、「きちんと〜する」という意味を表す補助動詞の用法にも注意する。

例：洗ひしたたむ（＝きちんと洗う）

例文

①たがひに言ふ事もなく、われ賢げに物ひきしたため、ちりぢりに行きあかれぬ。（徒然草）

訳お互いに物を言うこともなく、われ先に荷物を整理して、散り散りに別れて行ってしまう。

②御燈明の事ども、したため果てて、（中略）なかなかいと心あわたたしくて立ち別る。（源氏物語）

訳お灯明のことなども用意し終わって、かえってとても落ち着かなくて別れる。

③忠信は酒も飯もしたためずして、今日三日になりければ、打つ太刀も弱りける。（義経記）

訳忠信は、酒も食事もとらないで、今日で三日になったので、打つ太刀も弱った。

かぐや姫のワンポイントアドバイス

他に、現代語で「手紙をしたためる」などと言うときと同じ「書き記す」という意味もあるわ。

関連語

類まうく【設く・儲く】（動）
準備する

116

しどけなし ★

形・ク

訳語

①だらしない

②気楽だ

くつろいで、リラックス

きちんとしておらず、乱れた様子を表します。現代語の「しどけない」は、①の悪い意味になりますが、古語では②の「気楽だ」という良い意味でも使われます。

イメージ変換ワード

師、「どけ！」

学習ポイント

①の悪い意味か②のよい意味で使われているのかは、文脈から判断する。

①郡司のしどけなかりければ、（中略）重くいましめむとて、召すなりけり。（宇治拾遺物語）

訳 郡司がだらしなかったので、重く罰しようと思って、（郡司を）お呼びになったのだ。

例文は、大隅国（＝鹿児島県東部）の国司が、郡司を重く罰する（押さえつけてムチで打つ）つもりで呼び寄せた場面。しかし、連れられてきた郡司はとても年老いた人だった。国司はなんとかこの人を許すために歌を詠むよう命じ、その歌に感心してこの郡司を許した。

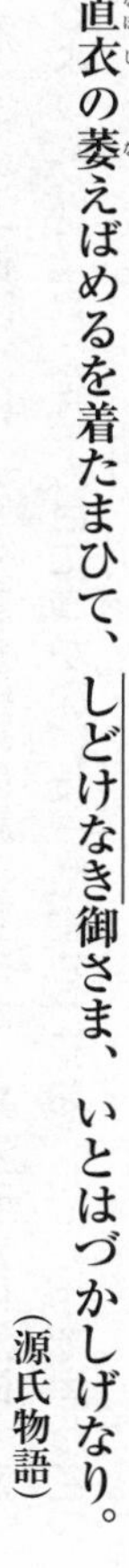

②直衣の萎えばめるを着たまひて、しどけなき御さま、いとはづかしげなり。（源氏物語）

訳 直衣のやわらかくなったのをお召しになって、くつろいだご様子は、とても恥ずかしくなるほど立派である。

直衣とは、「直（＝普通）の衣」という意味で、天皇や貴族の普段着を指す。冠や烏帽子をかぶる。

平安時代には、衣服をくつろいだ様子で（＝しどけなく）着ているのを、一種の美的表現としてプラスに評価していることが多いの。

関連語

対 うるはし【麗し・愛し・美し】（形）→P.116

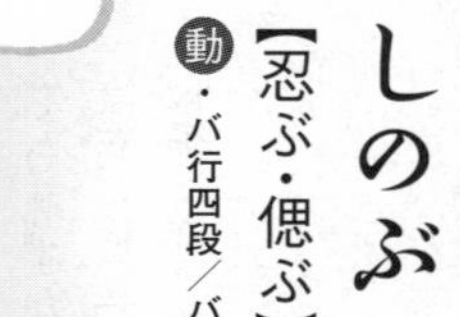

しのぶ ★★

【忍ぶ・偲ぶ】

動・バ行四段／バ行上二段

訳語

［忍ぶ］①我慢する

［忍ぶ］②人目を避ける

［偲ぶ］③思い慕う

忍ぶ or 偲ぶ

「忍ぶ」と「偲ぶ」は、もともとは別の語でしたが、平安時代に混同されるようになりました。人目につかないようにすることや、心の中で思うことを表します。

イメージ変換ワード

忍ぶ（忍者）

人目を避ける

学習ポイント

「忍ぶ」「偲ぶ」ともに、四段活用と上二段活用の両方があるので、活用に注意する。

例文

①しのぶれど 色に出でにけり 我が恋は ものや思ふと 人の問ふまで （拾遺和歌集）

訳 我慢していたが、（ついに）顔色に表れてしまったなあ、私の恋心は。もの思いをしているのかと人がたずねるほどに。

②しめやかにうち薫りて、しのびたるけはひ、いとものあはれなり。（徒然草）

訳 （香のかおりが）しんみりとかおって、人目を避けて暮らしている様子が、とてもしみじみした趣がある。

③亡きにつけていとどしのばるること多く、公、私、ものの折節のにほひ失せたる心地こそすれ。（源氏物語）

訳 （柏木が）亡くなったことにつけて、ますます思い慕われることが多く、公私ともに何かある機会に華やかさがなくなった気持ちがする。

かぐや姫のワンポイントアドバイス

控えめで目立たない様子は、平安時代の女性の理想なの。私は自信ないけど……。

関連語

類 みそかなり【密かなり】（形動）→P.60

しろしめす ★

【知ろし召す・領ろし召す】

敬動・サ行四段

「知る」と「領る（＝治める）」の尊敬語なので、①と②の二つの意味があります。

訳語

「知る」「領る」の尊敬語

［知ろし召す］

① 知っていらっしゃる 尊

［領ろし召す］

② お治めになる 尊

イメージ変換ワード

白、示す

学習ポイント

「しろしめす」も、元の動詞「しる」どちらも重要語なので、両方覚えておく。

①さるものありとは、鎌倉殿までもしろしめされたるらんぞ。（平家物語）

訳 そのような者（＝今井兼平）がいることは、鎌倉殿（＝源頼朝）までもご存知でいらっしゃるであろうぞ。

例文は、木曽殿（＝源義仲）の乳母子である今井兼平が、劣勢の中同じ場所で討ち死にしようとする木曽殿をなだめて逃がし、自分ひとりで五十騎ほどの敵勢に向かって名乗りを上げている場面。

②今、皇の天の下しろしめすこと、四つの時九返りになむなりぬる。（古今和歌集）

訳 今の帝（＝醍醐天皇）が天下をお治めになることは、四季が九回（＝九年目）になった。

「なむ」は強意の係助詞。同じく係助詞の「ぞ」「や」「か」「こそ」とともに、係り結びをつくる。「係り結び」をつくるこれらの助詞が文中に出てきたら、文末の活用形は連体形（「こそ」の場合は已然形）になる。

かなり敬意の高い語なので、天皇や中宮に対して使われるわ。

関連語

1 しる【知る・領る】（動）→P.432

119

すごし ★

【凄し】形・ク

訳語

①気味が悪い

②寂しい

③すばらしい

ゾッとするほどもの寂しい

基本的には「ぞっとする」感じを表します。「気味が悪い」「寂しい」というネガティブな意味だけでなく、「ぞっとするほどすばらしい」というよい状態も表します。

イメージ変換ワード

すごろく

すばらしい

豪華なすごろく

学習ポイント

「すごい音」などと、程度を表す意味で使われる現代語とは、異なる意味であることに注意。

例文

①すごう、うたていざとき心地する夜のさまなり。（源氏物語）

訳 気味が悪くて、やたらに目が覚めやすい気持ちがする夜の様子である。

「すごう」は「すごし」の連用形「すごく」のウ音便。

②遣水もいといたうむせびて、池の氷もえもいはずすごきに、童べおろして雪まろばしせさせたまふ。（源氏物語）

訳 遣水（＝庭に引き入れた水の流れ）もたいそうひどく流れがつかえて、池の氷も言いようがないほど寂しい様子なので、童女を（庭に）下ろして雪転がしをおさせになる。

③なまめかしくすごうおもしろく、所柄（ところがら）は、まして聞こえけり。（源氏物語）

訳 （舞楽の演奏は）優美ですばらしく趣があり、場所柄いっそう（趣深く）聞こえた。

かぐや姫のワンポイントアドバイス

荒涼とした自然の情景について「もの寂しい」というのが原義で、その意味で出てくることがとても多いわ。

120

すさまじ ★★

【凄じ】形・シク

訳語

①興（きょう）ざめだ

②殺風景だ

不調和で不快！

動詞「すさむ（＝物事がどんどん進む）」が形容詞化した語です。自分の意思とは無関係に物事が進んでいくことに対して、期待はずれな気持ちや、周囲と不調和であることの不快感を表します。

イメージ変換ワード

酢様

お酢を信仰する、変な宗教

誰もいなくなる

学習ポイント

現代語の「すさまじい」と同じ意味で使われることもあるが、①と②の意味が重要。

①**すさまじきもの。昼ほゆる犬、春の網代（あじろ）。三、四月の紅梅（こうばい）の衣（きぬ）。**（枕草子）

訳 **興ざめなもの。**昼間からほえる犬、春まである網代。三、四月の紅梅の衣。

「網代」は、冬に魚を捕るしかけのこと。

「紅梅の衣」は、十一月から二月に着る着物。

「昼ほゆる犬」が「すさまじきもの（＝興ざめなもの）」とされているのは、犬は番犬として夜に吠えるのがふさわしい、という感覚から。

『枕草子』の「すさまじきもの」の段では、他に「火をおこしていない火鉢（ひばち）」「祈祷師（きとう）が眠そうなとき」「上手に詠（よ）めた歌を人に贈ったのに、返歌がないとき」などが挙げられている。

②**すさまじきものにして見る人もなき月の、寒けく澄（す）める二十日あまりの空こそ、心ぼそきものなれ。**（徒然草）

訳 **殺風景な**ものとして見る人もいない（冬の）月が、寒々と澄んでいる二十日過ぎの夜空は、実に心細い（趣がしみじみ感じられる）ものである。
「寒けく」は、「寒々としている」ことを表す形容詞「寒けし」の連用形。

かぐや姫のワンポイントアドバイス

『枕草子』で取り上げられている「すさまじきもの」を大別すると、「場違いなもの」「時期が過ぎてしまったもの」「用をなさないもの」「期待はずれなもの」に分類できるわ。今どきの言葉で言うと、「シラける」感じね。

すずろなり ★★

【漫ろなり】 形動・ナリ

訳語

①なんとなく

②やたらに

③思いがけない

④無関係だ

理由もなく、なんとなく

自分の意志や理由とは無関係に、漫然と物事が進んでいく状態を表します。

イメージ変換ワード

鈴

思いがけない

ヒョイ

やたらに

ストップ！

やめろ！

シャン

シャン

無関係だ

なんだ君は！

学習ポイント

①と②の意味は、連用形「すずろに」の形で副詞のように使われることが多い。

例文

①昔、男、すずろに陸奥の国までまどひいにけり。（伊勢物語）

訳 昔、男が、理由もなしに陸奥の国までさまよい出かけた。

②すずろに飲ませつれば、（中略）息災なる人も、目の前に大事の病者となりて、前後も知らず倒れ伏す。（徒然草）

訳（酒を）やたらに飲ませてしまうと、健康である人も、大変な病人のようになって、前後もわからず倒れ伏してしまう。

③「すずろなる死をすべかめるかな」と、楫取泣く。（竹取物語）

訳「不慮の死をとげることになりそうだなあ」と船頭は泣く。

④ぬしある家にはすずろなる人、心のままに入りくる事なし。（徒然草）

訳 主人のいる家には、無関係な人が、気ままに入ってくることはない。

かぐや姫のワンポイントアドバイス

「すずろなる人」は、無関係な人。「すずろなる目」は、思いがけない災難を表すわ。

関連語

同 そぞろなり【漫ろなり】（形動）

すだく

【集く】動・カ行四段

訳語

①集まる

②（鳥や虫が）鳴く

鳥や虫が、集まる

鳥や虫が、群れて集まる様子を表します。

②は、鎌倉時代以降に、誤りから生じた意味です。

イメージ変換ワード

巣、抱く

学習ポイント

「すだく」は、人が集まるという意味で使われることもあるが、その意味の場合は「つどふ」のほうがよく使われる。

①壺の遣水に、蛍のおほくすだくを見て、さきなる女房「ゆゆしき蛍かな」。（十訓抄）

訳 中庭の遣水に、蛍が多く集まっているのを見て、先頭の女房が「たくさんの蛍だこと」（と言って通り過ぎる）。

「遣水」は、庭に引き入れた小川のこと。

②秋の虫の叢にすだくばかりの声もなし。（雨月物語）

訳 秋の虫が草むらで、鳴くほどの声もない。

『雨月物語』は、江戸時代に上田秋成によって書かれた怪奇小説。例文は、有名な「吉備津の釜」の一節。

関 守よりはじめて、子ども、類親どももみな屏風の後ろにつどひたり。（今昔物語集）

訳 （尾張の）守をはじめに、子どもや親族の者などがみな屏風の後ろに集まっていた。

かぐや姫のワンポイントアドバイス

和歌の中では「集まる」意味で使われることがとても多いわ。

関連語

同 つどふ【集ふ】（動）

すなはち ★★

【即ち】副 接続

訳語

［副詞として］
①すぐに

［接続詞として］
②言いかえれば

即→すぐに

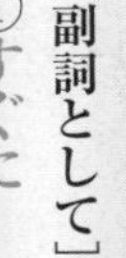

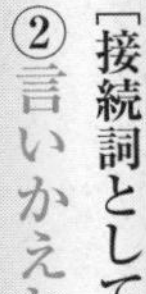

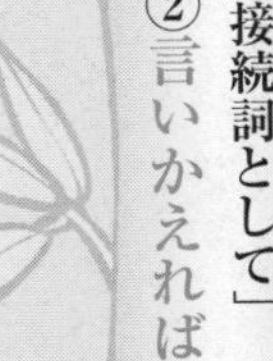

もともと「その時」という意味の名詞だったものが、副詞や接続詞として使われるようになりました。

イメージ変換ワード

砂は

学習ポイント

①は副詞、②は接続詞となる。
①の「すぐに」の意味が重要。

①立て籠めたるところの戸、すなはち、ただ開きに開きぬ。（竹取物語）

訳（かぐや姫を）閉じ込めておいた部屋の戸は、即座に、すっかり開いてしまった。

例文は、かぐや姫を迎えに月からの遣いがやってきた場面。翁たちはかぐや姫が連れて行かれないよう、かぐや姫のいる部屋の格子を降ろし、戸を閉めていたが、天から来た王の力で開けられてしまった。
例文の「開きに開き」は、同じ動詞の連用形を格助詞「に」でつなぎ、「ひたすらに～する」という強調を表す。

②一時の懈怠、すなはち一生の懈怠となる。（徒然草）

訳一時の怠りは、それがそのまま、一生の怠りとなる。

参考

すなはちは、人皆あぢきなきことを述べて、（方丈記）

訳（大地震の）そのときは、人々は皆（この世の）はかなさを述べて、

地震は、元暦二年（1185年）の文治地震のこと。京都の被害は甚大で、多くの神社や仏閣が倒壊した。

かぐや姫のワンポイントアドバイス

①の意味で使われることがほとんどよ。②は、現代語と同じ意味ね。
その他にも、「そのとき（名）」「そこで（接）」という意味もあるわ。（↓参考）

関連語

類やがて（副）→P.358

124

すまふ ★

【争ふ・辞ふ】動・ハ行四段

訳語

［争ふ］①抵抗する

［辞ふ］②断る

相手に抵抗する

読み方は「スモー」、または「スマウ」。相手の力に抵抗する様子を表します。

イメージ変換ワード

相撲（スモー）

学習ポイント

上代語の「すまふ【住まふ】（＝住み続ける）」は別語なので、区別する。

①女もいやしければ、すまふ力なし。（伊勢物語）

訳（男は女を好きになったが、親の反対に逆らえず、）女も身分が低いので、（男の親に）抵抗する力がない。

②もとより歌のことは知らざりければ、すまひけれど、しひて詠ませければ、かくなむ。（伊勢物語）

訳（男は）もともと和歌のことはわからなかったので、断ったが、（人々が）無理に詠ませたので、このように（詠んだ）。

関あたりあたりおとなしく住まひたまへるさま、華やかなるを見たまふにつけても、いとものあはれにおぼさる。（源氏物語）

訳（夕霧夫妻が）どこもかしこも大人らしく住んでいらっしゃる様子が美しいのを（雲居（くもい）の雁（かり）の父が）ご覧になるにつけても、とても感慨深く思われる。

かぐや姫のワンポイントアドバイス

連用形「すまひ」がそのまま名詞化して、相撲のことを表すようになったの。平安時代の陰暦七月の年中行事に、「相撲の節（すまひのせち）」というものがあるわ。天皇の前で相撲をとり、技を競ったのよ。

関連語

すまふ【住まふ】（動）住み続ける

125

せ【兄・夫・背】名

訳語

①いとしい男性

②夫

いとしい夫、恋人よ

女性が、男性に親しみをこめて呼ぶ言葉です。逆に、男性から女性を親しんで呼ぶときは「妹（いも）」となります。

イメージ変換ワード

背

学習ポイント

例文①のように、「我（わ）が背」という形で出てくることが多い。

例文

①**信濃道は 今の墾り道 刈り株に 足踏ましむな 沓はけ 我が背** （万葉集）

訳 信濃道は、今切り開いたばかりの道です。切り株で足を踏み抜かないでください。沓をおはきなさい、私のいとしい人よ。

②**防人に 行くは誰が背と 問ふ人を 見るが羨しさ 物思ひもせず** （万葉集）

訳「防人に行くのは、だれの夫なのか」と尋ねる人を見るのは、うらやましい。（他人事だと思って）思い悩むこともしないで。

夫が徴兵された妻の悲しみの歌。防人とは、北九州の防備のために召集された兵士のこと。『万葉集』には、このような「防人の歌」が数多く収められている。

関 **飽かで別れし妹背の仲らへ、必ず一つ蓮に迎へ給へ。** （平家物語）

訳 満ち足りずに別れた（私たち）夫婦の仲（なので）、（死後は）必ず同じ蓮の葉の上に迎えてください。

かぐや姫のワンポイントアドバイス

『万葉集』に出てくるように、主に奈良時代に使われていた言葉なの。
女性が兄や弟を呼ぶときにも使われるわ（↓参考）。

関連語

類 **いもせ【妹背】**（名）1夫婦・親密な男女 2妹と兄・姉と弟

対 **いも【妹】**（名）→P.104

せうそこ ★★

【消息】名

訳語

①手紙

②訪問

③取り次ぎを頼むこと

安否を知るための方法

読み方は「ショウソコ」。「消」は死を、「息」は生を表します。
そこから、安否を確認するための手紙や訪問という意味ができました。

イメージ変換ワード

勝訴

学習ポイント

現代語の消息は、安否の様子を意味するので、むしろ「せうそこ」の語源に近い。

例文

①心に忘れずながら消息などもせで久しくはべりしに、むげに思ひしをれて、心細かりければ、（中略）撫子の花を折りておこせたりし。（源氏物語）

訳（女のことを）心では忘れないものの、手紙なども出さないで長くおりましたところ、ひどく気が滅入って頼りなく不安な様子で、（女は）撫子の花を折って、（結び文を）送って寄こしてきた。

「結び文」とは、おみくじのように畳んで結んだ手紙のこと。恋文によく使われた。

②消息を言はむに、「よかなり」とはたれか言はむ。（枕草子）

訳（男が）訪ねてきたことを言ったならば、（女の側が）「さあどうぞ（お入りなさい）」などとだれが言うだろうか、いや、言いはしない。

③「入りてせうそこせよ」とのたまへば、人入れて案内せさす。（源氏物語）

訳（光源氏が）「（家に）入って取り次ぎを頼みなさい」とおっしゃるので、使いを入れて取り次ぎを請わせる。

かぐや姫のワンポイントアドバイス

当時の恋文は、結び文に花を添えることが多かったのよ。なんてロマンチックなのかしら……。

関連語

類あない【案内】（名）
→P.76

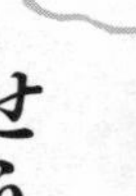
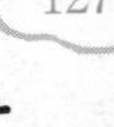

せうと

【兄人】名

読み方は「ショウト」。「せひと」がウ音便化したものです。もともとは、女性から見た男兄弟（兄か弟）のことでしたが、後に一般的な男の兄弟（兄か弟）を指すようになりました。

ブラザー＝兄か弟

訳語

①兄

②弟

イメージ変換ワード

ショートケーキ

弟

兄

あーん♡

学習ポイント

弟よりも、兄を表すことのほうが多い。

①殿上にも、司の名をばいはで、せうととぞつけられたる。（枕草子）
訳 殿上でも、官名を呼ばないで「兄」と名付けられている。

②かの兄人の童なる、率ておはす。（源氏物語）
訳 あの（浮舟の）弟の少年を、連れていらっしゃる。

関 この子も、いもうとの御心はたわむところなくまめだちたれば、言ひあはせむ方なくて、（源氏物語）
訳 この子（＝小君）も、姉（＝空蝉）のお気持ちは曲がるところがなく真面目なので、話し合う方法もなくて、

関 をかしつる人のさまかな。女御の御おとうとたちにこそはあらめ。（源氏物語）
訳 美しい感じの人だったなあ。きっと女御の妹君たちだろう。

かぐや姫のワンポイントアドバイス

類語「いもうと」は姉か妹、「おとうと」は弟か妹のことを指すの。ややこしいわね……。

関連語
類 おとうと【弟・妹】（名）1弟　2妹
対 いもうと【妹】（名）男性から見た姉、または妹

せちなり（せつなり）★★

【切なり】 形動・ナリ

訳語

①切実だ

②ひたすら

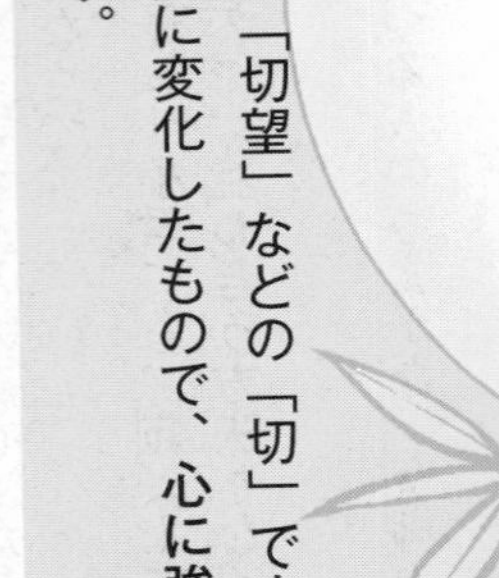

「切実」「切望」などの「切」です。もともとは漢語の「切（せち）（呉音）」が形容動詞に変化したもので、心に強く迫る感情や、物事のはなはだしさを表します。

イメージ変換ワード

おせち

学習ポイント

②の意味は、連用形「せちに」の形で用いられる。「せつなり」という形でも使われた。（↓参考）

①大納言、宰相もろともに、忍びてものし給へ。せちなること聞こえむ。（宇津保物語）

訳 大納言や宰相も一緒に、人目を避けておいでください。重大なことを申し上げよう。

②七月十五日の月に出でいて、せちに物思へるけしきなり。（竹取物語）

訳 （かぐや姫は）七月十五日の月に、（縁側に）出て座って、ひたすら物思いに沈んでいるようすである。

陰暦の十五日のことを、「望」という。そこから、十五日の満月を「望月」というようになった。

参考 商人の一銭を惜しむ心、せつなり。（徒然草）

訳 商人が一銭を惜しむ心は、切実だ。

兼好法師は、寸暇を惜しむ人は少ないが、一銭は軽くても重ねれば貧しい人も裕福な人になる。だから一銭を惜しむ商人のように、わずかな時間も惜しむ心が大切である、と時間の大切さを述べている。

同音の「節」（名詞）は、「季節」や「季節の変わり目の祝日」を意味するわ。おせち料理の「節」よ。

副 せめて ★

訳語

①無理に・強（し）いて

②非常に

相手に強く迫る

「迫（せま）る」という意味の動詞「迫（せ）む」＋「て」が、一語の副詞になったものです。相手に強く要求する状態や、程度のはなはだしさを表します。

イメージ変換ワード

攻めて

チーム	前半	後半	合計
○○高	0	0	0
□□高	25	33	58

非常に

大差

学習ポイント

①の意味の場合は直後に動詞が続き、②の意味の場合は直後に形容詞が続く。

①いとしもおぼえぬ人の、押し起こしてせめて物言ふこそ、いみじうすさまじけれ。（枕草子）

訳 それほど（親しく）思われない人が、ゆすり起こして無理に話しかけるのは、ひどく興ざめなものだ。

②せめて恐ろしきもの。夜鳴る神。近き隣に盗人（ぬすびと）の入り（い）たる。（中略）近き火、また恐ろし。（枕草子）

訳 ひどく恐ろしいもの。夜に鳴る雷。近い隣家に盗人が入った（とき）。近所の火事は、これもまた恐ろしい。

関 しひて御室にまうでて拝みたてまつるに、つれづれといともの悲しくておはしましければ、（伊勢物語）

訳 強引にお住まいに参上してお目にかかり申し上げたところ、しんみりと悲しげなご様子でいらっしゃったので、

かぐや姫の ワンポイントアドバイス

現代語と同じ「少なくとも」という意味もあるわ。

関連語

類 あながちなり【強ちなり】（形動）→P.78

類 しひて【強ひて】（副）無理に

そのかみ★

【其の上】名

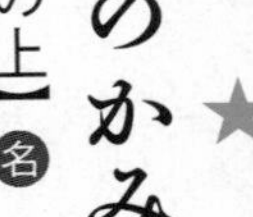

訳語

①その当時

②昔

ある出来事が起こった当時

「上（かみ）」は、「昔」「当時」という意味で、「そのかみ」は何か出来事が起こったその当時、あるいは、単に昔を表すこともあります。

イメージ変換ワード

その紙

学習ポイント

①の意味が重要。

例文

①めでたきことにもあらねど、ただ、そのかみ耳にとまりしことを書きたるなり。（枕草子）

訳 すばらしいことでもないが、ただ、その当時、耳に残ったことを書いたのだ。

②そのかみこの御山を「二荒山（ふたらやま）」と書きしを、（中略）「日光」と改めたまふ。（奥の細道）

訳 昔、このお山を「二荒山」と書いたのを、（空海大師が寺の建立時に「二荒（にこう）」に近い）「日光（にっこう）」と改めなさっている。

関 この男のこのかみも衛府（ゑふ）の督（かみ）なりけり。（伊勢物語）

訳 この男の兄も、衛府（ゑふ）（＝宮中の警護をする役所）の長官であった。

かぐや姫のワンポイントアドバイス

「このかみ（＝兄・姉）」と間違えないように気をつけてね。

関連語

このかみ【兄】（名）1兄・姉 2年上の人

★★

たてまつる

【奉る】 敬動・ラ行四段

訳語

①差し上げる 謙

②お召しになる 尊

③召し上がる 尊

④お乗りになる 尊

謙譲語 ＋ 尊敬語

「与ふ」の謙譲語で、「着る」「食ふ」「乗る」の尊敬語となります。動詞や助動詞の連用形について「(お)～申し上げる」と、謙譲の補助動詞になることもあります。

イメージ変換ワード

盾

学習ポイント

よく出てくるのは、①の謙譲語の用法。「奉る」の漢字も覚えておく。

①いみじく静かに、公（おほやけ）に御文（ふみ）たてまつり給ふ。（竹取物語）

訳（かぐや姫は）たいそう静かに、帝にお手紙を差し上げなさる。

②いと暑しや。これより薄き御衣（おんぞ）たてまつれ。（源氏物語）

訳ひどく暑いなあ。これよりも薄いお着物をお召しなさい。

③ひとりの天人言ふ、「壺（つぼ）なる御薬たてまつれ」。（竹取物語）

訳一人の天人が（かぐや姫に）言う、「壺に入っている（不死の）お薬を召し上がれ」。

④法性寺（ほふさうじ）のほどまでは御車にて、それよりぞ御馬にはたてまつりける。（源氏物語）

訳法性寺（ほうしょうじ）のあたりまでは牛車（ぎっしゃ）で、そこから先はお馬にお乗りになった。

かぐや姫の
ワンポイントアドバイス

整理すると、「差し上げる」＝「与ふ」の謙譲語、「お召しになる」＝「着る」の尊敬語、「召し上がる」＝「食ふ」の尊敬語、「お乗りになる」＝「乗る」の尊敬語よ。

たばかる★

【謀る】動・ラ行四段

訳語

①工夫する

②だます

工夫して、だます

「た」は接頭語で、「はかる」は物事を工夫する意味です。そこからだますという悪い意味も生まれました。

イメージ変換ワード

束（トランプの束）

学習ポイント

現代語では、②の悪い意味で使われるが、①の意味が重要。

例文

①この燕の子安貝は、悪しくたばかりて、取らせ給ふなり。（竹取物語）

訳 この燕の子安貝（＝宝物）は、下手に工夫して、お取りになっています。

五人の求婚者のうちの一人、石上の中納言は、かぐや姫から結婚の条件として「燕の子安貝」を希望された。例文は、石上の中納言が家来を足場に登らせて、燕の巣から「燕の子安貝」を取らせようとしていたところ、他に正しい方法があるとして、ある翁が言った言葉。

②梶原、たばかられぬとや思ひけん、やがて続いてうち入れたり。（平家物語）

訳 梶原（景季）は、だまされたと思ったのか、すぐに続いて（馬を川に）乗り入れた。

例文は、「宇治川の先陣」の一節。川を渡って、戦場への一番乗りを競っている場面。

参考 「かかることなむあるを、いかがすべき」とたばかりたまひけり。（大和物語）

訳 「このようなこと（知り合った女性が宮中まで訪ねて来ること）があるのを、どうしたらいいだろうか」と相談なさった。

かぐや姫のワンポイントアドバイス

心の中で思うときは①の意味、人に働きかけるときは②の意味の他に、「相談する」という意味もあるの。（↓参考）

関連語

類 はかる【計る・量る・謀る】（動）→P.310

たまふ ★★

【給ふ・賜ふ】

敬動・ハ行四段／ハ行下二段

読み方は「タモー」、または「タマウ」。

①は「与ふ」の尊敬語、②は尊敬の補助動詞、③は謙譲の補助動詞です。

「与ふ」の尊 or 尊謙の補動

訳語

①お与えになる 尊

②［尊の補動］～なさる

③［謙の補動］～させていただく

イメージ変換ワード

多毛（毛が多い）

学習ポイント

①②の尊敬の意味で使われるときは四段活用、③の謙譲の意味で使われるときは下二段活用となる。

①内裏の帝、御衣ぬぎて賜ふ。（源氏物語）

訳帝は、御召物を脱いでお与えになる。

②八月十五日ばかりの月に出でゐて、かぐや姫、いといたく泣きたまふ。（竹取物語）

訳八月十五日ごろの月の夜（＝満月の夜）に（縁側に）出て座って、かぐや姫は、たいそうひどくお泣きになる。

③さらば今宵は御宿直つかまつりて、つとめて見たまへむ。（今昔物語集）

訳それでは今夜は宿直し申し上げて、翌朝、見させていただきましょう。

関上下の僧ども、その辺りの山賎まで物たび、（源氏物語）

訳身分の高い・低い僧たち、そのあたりの山の身分の低い者にまで、（光源氏は）物をお与えになり、

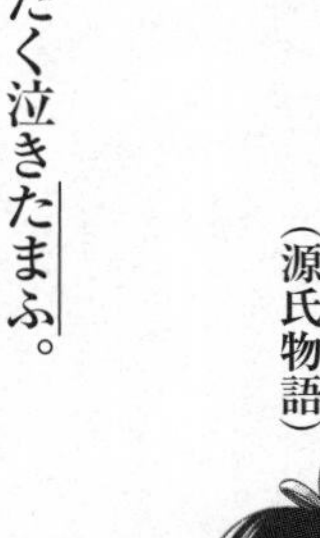

かぐや姫のワンポイントアドバイス

謙譲の補助動詞は普通、「〜し申し上げる」「（お）〜申し上げる」と訳せばいいんだけど、「たまふ」の場合は「〜させていただく」と訳します。

関連語

1 たまはる【賜わる・給わる】（敬動）→P.50

2 いざたまへ【いざ給へ】（連語）さあいらっしゃい

類 たぶ・たうぶ【給ぶ・賜ぶ】（敬動）1お与えになる 2〜なさる

134

ためらふ★

【躊躇ふ】動・ハ行四段

訳語

①心を静める

②ためらう

気持ちや行動を抑える

読み方は「タメロー」「タメラウ」。高まってきた心や体を抑えて、もとの状態に戻すことを表します。

イメージ変換ワード

貯め（貯金）

ためらう

もっと貯めるべきか…

貯金箱

学習ポイント

現代語の「ためらう」と同じ、「迷う、決心がつかない」といった意味は鎌倉時代以降に出てくるが、重要なのは①の意味。

例文

①ややためらひて、仰せ言伝へきこゆ。（源氏物語）

訳 少し心を静めて、（帝の）お言葉をお伝え申し上げる。

②たやすくうち出でんもいかがとためらひけるを、別当入道（中略）「まげて申し請けん」とて切られける。（徒然草）

訳（皆が）軽率に口に出す（＝頼む）のもどうかとためらっていたところ、別当入道は「ぜひとも（その鯉を切らせて）いただきましょう」と言って、お切りになった。

「別当入道」は、藤原道長の孫・基氏のこと。すばらしい料理名人と言われていた。

関 殊なる勢ひなき人は、たゆたひつつ、すがすがしくも出で立たぬ程に、重き病して、死なむとする心地にも、（源氏物語）

訳 特別な財力がない人は、ためらいながら、思い切りよく出立しないうちに、重い病気をわずらい、死んでしまいそうだという気持ちでいたものの、

かぐや姫のワンポイントアドバイス

気持ちを抑える場合は「心を静める」、行動を抑える場合は「ためらう」、病勢を抑える場合には「静養する」と訳してね。

関連語

類 たゆたふ（動）ためらう

類 やすらふ【休らふ】（動）→P.362

たより【頼り・便り】名 ★★

訳語

①手段

②よりどころ

③つて・縁故（えんこ）

④ついで・よい機会

頼りにできる、人や物

動詞「たよる」が名詞になったものです。頼りにできる人や物、方法、時など、様々なものを表します。

イメージ変換ワード

田、寄り（田んぼに寄る）

学習ポイント

現代語の「手紙」という意味もあるが、入試にはほとんど出ない。手紙を表す語としては「ふみ」「せうそこ」を覚える。

例文

①家きはめて貧しくして、世を過ごすにたよりなし。（今昔物語集）

訳 家は非常に貧しくて、生活してゆく手段もない。

②取りたる侍は、思ひかけぬ、たよりある妻(め)まうけて、（中略）頼もしくてぞありける。（宇治拾遺物語）

訳（証文を）受け取った侍は、思いがけないよりどころのある妻を手に入れて、裕福になった。

③都へ、たよりもとめて文(ふみ)やる。（徒然草）

訳 都（のわが家）へ、つてを求めて手紙を送る。

④さるは、たよりごとに物も絶えず得させたり。（土佐日記）

訳 そうではあるが、機会があるごとに（お礼の）品物も絶えず与えていた。

かぐや姫のワンポイントアドバイス

ほかに「便宜(べんぎ)」、「配置」という意味もある多義語だけど、重要なのは「ついで」「よい機会」という意味よ。

関連語

類 たづき【方便】（名）→P.468

類 ついで【序】（名）→P.262

ちぎり ★★

【契り】名

訳語

①約束

②前世からの因縁（いんねん）

男女間や前世からの約束

動詞「ちぎる（＝約束する）」が名詞になったもので、男女間の愛情の約束を表すことが多いです。前世からの因縁や約束という意味もあります。

学習ポイント

②の意味が重要。漢字も出題されるので、覚えておくこと。

イメージ変換ワード

（紙を）ちぎり

①あだなるちぎりをかこち、（中略）浅茅が宿に昔をしのぶこそ、色好むとは言はめ。（徒然草）

訳はかない約束（で終わったこと）を嘆き、浅茅の（しげった荒れた）家で昔（の恋）を回想したりすることこそ、本当に恋の情趣を解するものと言えよう。

②昔の契りありけるによりてなむ、この世界にはまうで来たりける。（竹取物語）

訳前世からの宿縁があったことによって、この（人間）世界には、やって参ったのです。

関日ごろ、よく「御弟子にてさぶらはむ。」と契りて、すかしまうしたまひけむが恐ろしさよ。（大鏡）

訳ふだん（道兼は、）よく「（私も一緒に出家して）お弟子としてお仕え申し上げよう」と（花山天皇に）約束していて、だまし申し上げなさったとかいうのが恐ろしいことよ。

かぐや姫のワンポイントアドバイス

平安時代には、仏教思想の影響で「前世の行為によって現世で報いを受ける（＝因果応報）」と考えられていたのよ。

関連語

1ちぎる【契る】（動）
→P.468

137

ついで ★

【序】名

訳語

①順序

②機会

物事の順序

もともと「継ぎ手」が音便変化してできたものと言われています。①の「順序」が原義です。順序通りに起きる次のとき、ということから②の意味ができました。

イメージ変換ワード

(酒を)ついで

社長から…
1 社長
2 部長
3 課長
新人
順序

社長と話せた
ハイッ!
がんばれよ
機会

学習ポイント

「序」の漢字も出題されるので、覚えておく。

例文

①**四季はなほ定まれるついであり。死期はついでをまたず。**（徒然草）

訳 四季は、それでもやはり決まった順序がある。（しかし、人の）死の時期は、順序を待たない。

②**かく投げつとも、帝はえ知ろしめさざりけるを、ことのついでありて人の奏しければ、聞こしめしてけり。**（大和物語）

訳（女官が）このように身投げしたことも、帝はご存じでなかったが、何かの機会があって、ある人が（帝に）申し上げたので、お聞きになってしまった。

関 **人に物を取らせたるも、ついでなくて、「これを奉らん」と言ひたる、誠の志なり。**（徒然草）

訳 人に物をあげる場合も、何のきっかけもなくて「これを差し上げましょう」と言って（贈る）のが、本当の好意である。

かぐや姫のワンポイントアドバイス

「機会」の意味のときは「ついでに」という形で使われていることが多いわ。現代で「ついでに、店に寄る」などと言う場合は、「他のことに利用できる機会」ということでこの意味になるわね。

関連語

1 **ついでなし【序無し】**（連語）
1きっかけがない　2突然だ

類 **たより【頼り・便り】**（名）
→P.258

つかまつる★

【仕まつる】 敬動・ラ行四段

訳語

①お仕え申し上げる 謙

②（何かを）して差し上げる 謙

「仕ふ」の謙、「す」の謙

①は「仕ふ」の謙譲語。②は「す」の謙譲語で、文脈によって様々な訳語が入ります。

イメージ変換ワード

塚、祀る

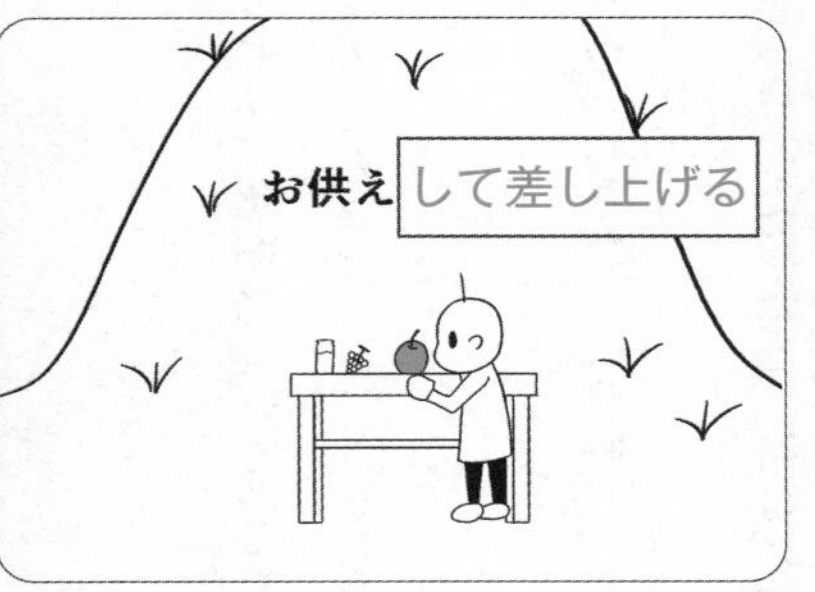

学習ポイント

②は、英語の代動詞「do」と同じように、他の動詞の代わりに使われる。「つかまつる」の前にある名詞に合わせて、訳語を考える必要がある。

謙譲の補助動詞のときもある。その場合は、単に「（お）～申し上げる」と謙譲の意味を添えればよい。

例文

①男も女も集ひて仕まつりたまふ。（宇津保物語）

訳 男も女も集まって、お仕えなさる。

②大臣殿の最後の御車を仕まつりさうらはばや。（平家物語）

訳 大臣殿（＝平宗盛）の最後のお車を引いて差し上げたい。

関 この女の童は、たえて宮仕へ仕うまつるべくもあらずはべるを、もてわづらひはべり。（竹取物語）

訳 この女の子（＝かぐや姫）は、まったく宮仕えをいたしそうにもありませんので、もてあましております。

例文の場合、「仕うまつる」の直前に述語がないため、補助動詞ではないと判断する。

参考 「かくはるかにさぶらふよし、歌つかまつれ」とおほせられければ、（大和物語）

訳 「このようにはるか遠くにお仕え申し上げていることを、歌に詠み申し上げよ」とお命じになったので、

かぐや姫のワンポイントアドバイス

文の中に和歌があるときは、「（歌を）詠んで差し上げる」の意味にもなるのよ。（→参考）

関連語

同 つかうまつる【仕うまつる】（敬動）

つたなし ★

【拙し】形・ク

訳語

①まずい・下手だ

②運が悪い

才能や運が劣っている

才能や性質が劣っていることを表します。②の意味に注意しましょう。不運は、家柄や才能についての内容であることが多いです。

イメージ変換ワード

ツタ、無し

学習ポイント

「拙し」の形で、漢字の読みが問われることもあるので、覚えておく。

①手などつたなからず走り書き、（中略）下戸（げこ）ならぬこそ男（をのこ）はよけれ。（徒然草）

訳 筆跡など下手でなくさらさらと書き、酒が飲めない人ではないのが、男はよいのだ。

第一段「いでや、この世に生れては」の一節。貴族の家柄や高僧の地位を否定し、容貌（ようぼう）だけでもだめだと説いている。人として身につけたい教養として、本格的な学問や漢詩文の知識、和歌や音楽、朝廷での作法を挙げており、人間の内面を重視する兼好法師の価値観がうかがえる。

②かかる君に仕うまつらで、宿世（すくせ）つたなく悲しきこと。（伊勢物語）

訳 このような（立派な）帝にお仕え申し上げないで（いるとは）、前世からの因縁が不運で悲しいことよ。

関 馬に乗りたる女の行きあひたりけるが、口ひきける男、あしくひきて、聖（ひじり）の馬を堀へ落としてけり。（徒然草）

訳 馬に乗った女が（高僧と）行き違ったところ、（女の馬の）口を引いていた男が、下手に引いて、高僧の（乗っている）馬を堀へ落としてしまった。

かぐや姫のワンポイントアドバイス

現代でも「拙（つたな）い（＝未熟な、下手な）文章」というように使われているわよね。

関連語

類 あし【悪し】（形）→P.456

つつまし★

【慎まし】形・シク

訳語

①気がひける

②遠慮される

気持ちを包み隠したい

動詞「つつむ」が形容詞になったもので、自分の気持ちを表に出さず、包み隠したい様子を表します。

イメージ変換ワード

筒（茶筒）

学習ポイント

元の語である動詞「つつむ」も頻出なので、一緒に覚えておく。

①かくいかぬをいかに思ふらむと思ひいでて、ありし女のがり、行きたりけり。久しく行かざりければ、つつましくて立てりけり。（大和物語）

訳（男は）このように行かないでいるのをどのように思っているのだろうかと思い出して、以前の女のもとへ行った。長い間行かなかったので、気がひけて（外に）立っていた。

②なれなれしきさまにやと、つつましう候ふうちに、日ごろは山寺にまかり歩きてなむ。（和泉式部日記）

訳なれなれしいのではないかと、遠慮されておりますうちに、近ごろは山寺に出歩いておりました。

関人目もつつまず相見まほしくさへおぼさる。（源氏物語）

訳（光源氏は、明石の君と）人目もはばからずに会いたいとまで思われる。

かぐや姫のワンポイントアドバイス

現代語の「つつましい（＝質素で控えめな様子）」という意味とは、ちょっと違うわよ。

関連語

1つつむ【慎む】（動）1気がひける　2遠慮する

名

つとめて ★★

訳語

①早朝

②翌朝

早朝 or 何かあった翌朝

語源の「つと」は早いという意味で、それが時間を表すようになりました。夜が明けて、明るくなる時間帯を指します。

イメージ変換ワード

勤めて

学習ポイント

設問では、①と②の意味を区別できているかどうかを問われることが多い。

例文

①冬はつとめて。雪の降りたるは、いふべきにもあらず。（枕草子）

訳 冬は早朝（が趣深い）。雪が降っている（早朝）は、言うまでもない。

②雨うち降りたるつとめてなどは、世になう心あるさまにをかし。（枕草子）

訳 雨の降った翌朝などは、この上もなく風情がある様子で趣がある。

関 野分（のわき）のあしたこそをかしけれ。（徒然草）

訳 台風の（吹いた）翌朝は、とても趣が感じられる。

関 わが食ひたき時、夜中にもあかつきにも食ひて、ねぶたければ、昼もかけ籠りて、（徒然草）

訳（この僧都（そうず）は）自分が食べたい時は、夜中でも明け方でも食べて、眠たければ昼でも（部屋に）閉じこもって、

かぐや姫のワンポイントアドバイス

前夜の出来事が書かれているときは、翌朝という意味になるわ。

関連語

類 あした【朝】（名）1朝 2翌朝

類 あかつき【暁】（名）→P.460

142

つれづれなり ★★

【徒然なり】 形動・ナリ

訳語

①することがなく退屈だ

②しんみりと寂しい

同じ状態が続いて退屈だ

もとは「連れ連れ」で、同じ状態が連続することが原義です。そこから退屈な気持ちを表すようになり、さらには、寂しい気持ちも表すようになりました。

イメージ変換ワード

連れ（＝友人）、連れ

学習ポイント

①の意味は、単に暇（ひま）ということではなく、満たされない孤独な気持ちも含まれる。

例文

①つれづれなるままに、日暮らし硯にむかひて、（中略）あやしうこそものぐるほしけれ。（徒然草）

訳することがなく退屈なのにまかせて、一日中硯に向かって、妙に気がおかしくなることだ。

例文は、『徒然草』の冒頭部分。書名はこの部分に由来している。『徒然草』は、鎌倉時代に兼好法師によって書かれた随筆で、仏教的な無常観により自然、社会、人間など様々なものを深く考察している。愚痴っぽい話も多く、人間味が感じられる。内容は現代にも通じる点で、興味深い。

②独り歩くはつれづれなるに、相伝にして召し使はばやとぞおぼし召しける。（義経記）

訳一人で歩くのはもの寂しいので、代々にわたる家来として召し使いたいと、（義経は）お思いになった。

関つれづれと降り暮らして、しめやかなる宵の雨に、（源氏物語）

訳長々と降って日が暮れ、しっとりとしている宵の雨で、

かぐや姫のワンポイントアドバイス

「徒然（トゼン）」は、もともとは漢語で、何もしない状態を表すの。それが「つれづれ」の漢字に当てられるようになったのよ。

関連語

1 つれづれと【徒然と】（副）
1長々と　2もの寂しく

類 さうざうし（形）→P.198

つれなし ★★

【連れ無し】形・ク

訳語

①平然としている

②冷淡だ

「関係ない」と、無反応

周囲のものと関連がなく、反応が表に現れない状態を表します。

イメージ変換ワード

釣れなし（釣れない）

学習ポイント

自然に対して使われるときは、「何の変化もない」ことを表す。

例：つれなき雪（＝溶けない雪）

例文

①そしり笑はるるにも恥ぢず、つれなく過ぎて嗜む人、（中略）ならびなき名を得ることなり。（徒然草）

訳けなされ笑われても恥ずかしがらず、平気で押し通して（芸を）たしなむ人は、（最後には）並ぶ者のない名声を得るのである。

「恥を恐れず努力することで、才能ある者を追い越せる」という兼好法師の芸能論が述べられている。

②むかし、男、つれなかりける女に言ひやりける。（伊勢物語）

訳昔、男が、冷淡だった女に詠んで送った（歌）。

関つれなしづくりたまへど、ものおぼし乱るるさまのしるければ、（源氏物語）

訳（光源氏は）平気なふりをしていらっしゃるが、思い悩んでおられる様子がはっきりしているので、

冷淡という意味は、現代でも「つれない返事」なんて形で使われているわよね。

関連語

1つれなしづくる【つれなし作る】（動）1平気なふりをする　2そ知らぬふりをする

て【手】名

★

訳語

①文字・筆跡・書道

②演奏法

手で書くもの、手の弾き方

手によって生じる様々なものへと意味が広がりました。その中でも古文でよく使われる「文字」や「筆跡」、「演奏法」の意味を覚えておきましょう。「手下」「腕前」「手傷」という意味もあります。

イメージ変換ワード

手

学習ポイント

「男手」は、男性が書く文字ということで「漢字」。「女手」は、女性が書く文字ということで「ひらがな」となる。

①その花びらに、いとをかしげなる女の手にて、かく書けり。（大和物語）

訳その花びらに、とても趣のある女の筆跡で、このように書いてある。

②をさをさとどこほることなう、なつかしき手など筋ことになん。（源氏物語）

訳ほとんど滞ることなく、心ひかれる弾き方など、手筋は格別でございます。

関女手を心に入れて習ひし盛りに、事もなき手本多く集へたりし中に、（源氏物語）

訳ひらがなを熱心に習っていた頃に、無難な手本を多く集めていた中に、

関ただその書きて奉られたる本をこそは、男手も女手も習ひたまふめれ。（宇津保物語）

訳（東宮は）ただその書いて献上された手本ばかりを（見て）、漢字もひらがなもお習いになるようだ。

「手習ふ」というと、「習字をする」という意味になるわ。

関連語

1をんなで【女手】（名）ひらがな

2をとこで【男手】（名）漢字

145

てうず★

【調ず】動・サ行変格

訳語

①整える

②料理する

③調伏（ちょうぶく）する

思う通りに調整する

読み方は「チョウズ」。漢語「調（＝ととのえる）」にサ変動詞「す」がついてできた語です。物事を思い通りに調整する、というのが原義です。

イメージ変換ワード

蝶

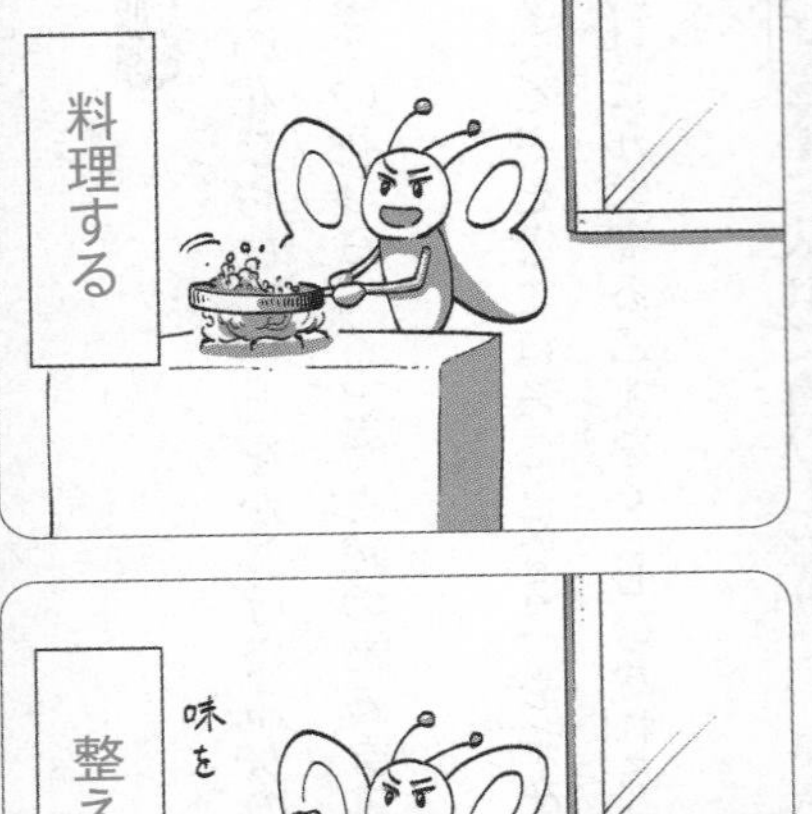

学習ポイント

同じ読み方でも漢字の異なる、「嘲ず（＝ばかにする）」、「懲ず（＝こらしめる）」という意味の語があることにも注意。

例文

①櫛の筥、心ことに、てうぜさせたまひて、（中略）その日の夕つ方、奉れさせたまふ。（源氏物語）

訳 櫛の箱を、特別に整えなさって、その日の夕方、献上させなさる。

②西川より奉れる鮎、近き川のいしぶしやうのもの、御前にて調じてまゐらす。（源氏物語）

訳 西川（＝桂川）より献上した鮎や、近い川（＝賀茂川）のいしぶしのような魚を、（光源氏の）御前で料理して差し上げる。

③験者の物の怪調ずとて、（中略）あくびおのれうちして、よりふしぬる。（枕草子）

訳 修験者が物の怪を調伏すると言って、自分から先にあくびをして、ものに寄りかかって寝てしまった（のは興ざめだ）。

『枕草子』「すさまじきもの」の一節。

かぐや姫のワンポイントアドバイス

「調伏」とは、祈りによって悪霊などを降伏させることよ。平安時代には、病気の原因は悪霊だと信じられていたの。

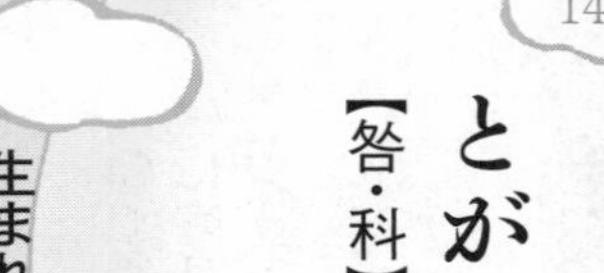

146

とが【咎・科】名 ★

訳語

①欠点

②罪

とがめられるもの

生まれつきの欠点、あるいは不注意により生じたあやまちのことです。

戸が

学習ポイント

「科」の漢字は、読み方が出題されるので覚えておく。

例文

①品の高さにても、才芸のすぐれたるにても、先祖のほまれにても、人にまされりと思へる人は、たとひ言葉に出でてこそ言わねども、内心にそこばくのとがあり。つつしみてこれを忘るべし。（徒然草）

訳 身分、家柄の高さでも、才知芸能のすぐれていることでも、先祖の名誉でも、他人より優れていると思っている人は、たとえ言葉に出して言わなくても、心の中に多くの欠点がある。（みずから）戒めて、これ（＝優越感）を忘れるのがよい。

②世治らずして、凍餒の苦しみあらば、とがの者絶ゆべからず。（徒然草）

訳 世の中が治まらないで、凍えや飢えの苦しみがあるならば、罪人はなくなるはずがない。

例文は、『徒然草』百四十二段「心なしと見ゆる者」の一節。この段では、人間は困窮すると盗みをするものであり、いとしい家族のために盗みをするのも仕方のないことだと述べている。上に立つ為政者が浪費をせずきちんと世の中を治めるべきであり、それでも盗みをする者こそが本当の盗人なのだと主張する。儒教的な考え方による、兼好法師の社会観がよく表れている。

かぐや姫のワンポイントアドバイス

現代でも「ミスを咎める」などと言うけど、この「とが」が語源となっているのよ。

関連語

類 つみ【罪】（名）1罪 2罰

147

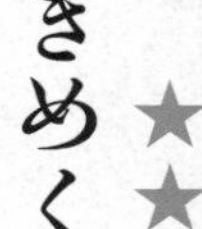

ときめく

【時めく】 動・カ行四段

訳語

①時流に合って栄える

②寵愛（ちょうあい）される

勢いに乗ってるね！

名詞「時」に、接尾語「めく（＝～らしくなる）」がついてできた語です。「時流に合う」とは、**時代の流れにうまく合うこと**です。

イメージ変換ワード

トキ（鳥）

時流に合って栄える

寵愛される

学習ポイント

「ときめかす」も重要語で、「寵愛する」意味となる。こちらは他動詞。

例文

①かくあやしき人の、いかでときめきたまふらむ。（宇津保物語）

訳このように礼儀知らずの人が、どうして時流に合って栄えていらっしゃるのだろう。

②女御の御容貌、いとうつくしくめでたくおはしましければ、むべ時めくにこそありけれ。（大鏡）

訳女御のご容貌が、大変かわいらしくすばらしくいらっしゃったので、なるほど、（それで帝に）寵愛されるのであるなあ。

関かくことなることなき人を率ておはして時めかし給ふこそ、いと目ざましくつらけれ。（源氏物語）

訳このように格別でもない人（＝夕顔）をお連れになってご寵愛なさるのは、非常に気に食わなくつらいことです。

現代語の「胸がときめく」とは違うわよ！

関連語

1ときめかす【時めかす】（動）
1寵愛する　2時流に合って栄えるようにする

ところせし ★★

【所狭し】形・ク

訳語

① 窮屈(きゅうくつ)だ

② 大げさだ

③ 威厳(いげん)がある

場所が狭くて、窮屈だ

場所が狭いということから窮屈さを表すようになりました。精神的な窮屈さとして、プラスの意味では「威厳がある」、マイナスの意味では「大げさだ」という意味になります。

イメージ変換ワード

ところてん

窮屈だ

ギュウ〜ッ

学習ポイント

空間的なことを言う場合、「場所が狭い」「いっぱいだ」などと、原義に近い意味となる。

例文

①ところせき御身にて、めづらしう思されけり。（源氏物語）

訳（光源氏は）窮屈なご身分なので、（北山の景色を）新鮮にお思いになった。

貴族はどこに行くにも数人の従者を連れて歩くため、自由気ままに出かけられないことを「窮屈な身分」と表している。

②ただ近き所なれば、車はところせし。（堤中納言物語）

訳ほんの近い所だから、牛車では大げさだ。

③下襲の裾長く引き、ところせくてさぶらひたまふ。（枕草子）

訳（藤原伊周は）下襲の裾を長く引き、堂々とお仕え申し上げていらっしゃる。

「下襲」は、束帯（=男子の正装）のときに上着の袍の下に着る服のこと。前側は短く、後ろ側は長い裾がついていて、袍の下から出して着た。下襲の裾の長さは身分によって異なり、色は季節によって変えていた。

かぐや姫のワンポイントアドバイス

〝精神的な窮屈さ〟というイメージをもとにして、文脈に合わせた訳を考えると訳しやすいと思うわ。

たとえば、「煩わしい」「恐縮する」と訳した方が文脈に合うこともあるわよ。

ながむ ★★

【眺む・詠む】 動・マ行下二段

訳語

［眺む］①物思いにふける

［詠む］②詩歌を吟（ぎん）じる

眺む or 詠む

①の「眺む」は、長い時間ぼんやり見ているというのが原義で、そこから「物思いにふける」という意味ができました。②の「詠む」は、詩歌を作ること、口ずさむことを表します。

イメージ変換ワード

ながめる

学習ポイント

「眺め」と「長雨（＝長く降る雨）」の掛詞は、出題されやすい。

①暮れがたき 夏の日ぐらしながむれば そのこととなくものぞ悲しき（伊勢物語）

訳日が長い夏の一日を物思いにふけりながら過ごしていると、何事につけても物悲しく感じる。

②またつぎなる人、「夕殿に蛍飛びて」とうちながむ。（十訓抄）

訳また次の人は、「夕殿に蛍飛んで」と、ふと吟じる。

関花の色は 移りにけりな いたづらに 我が身世にふる ながめせし間に（古今和歌集、百人一首）

訳（桜の）花の色は、色あせてしまったことだなあ。長雨が降り続いた間に。私自身も、むなしくこの世を過ごして物思いにふけっている間に、容色が衰えてしまったことだなあ。

「眺め」と「長雨」、「経る」と「降る」が掛詞。

かぐや姫のワンポイントアドバイス

現代語と同じ「遠くを見る」という意味もあるけれど、ただ「眺める」のではなくて、「物思いにふける」という意味が重要よ。

関連語

1ながめ【眺め】（名）1物思い 2眺望

なつかし ★★

【懐かし】形・シク

訳語

①心ひかれる

②親しみやすい

親しみを感じる

動詞「懐く(なつく)」が形容詞になって生まれた語です。「動物がなつく」などという場合のイメージに近いです。

学習ポイント

昔を思い返すのではなく、現在あるものに対する感情を表すことに注意。

イメージ変換ワード

夏

①ものの綺羅など見えて、（中略）いとなつかしう住みなしたり。（徒然草）

訳 調度品の美しさなどが見えて、とても心ひかれる様子で暮らしていた。

「綺羅」とは、美しい衣服や、美しい・華やかなこと、栄華などを表す。「綺」は綾織物、「羅」は薄絹のこと。

例文は、人の訪れもない、荒れた外観の家にお見舞いに訪れたところ、家の中は美しい調度品が置かれ、来客のために急いでたいたのではない香の匂いなどがしたという内容。そこから、来客がない普段から趣深く暮らしている様が見てとれ、とても奥ゆかしく感じられたということが書かれている。

②鹿の縁のもとまで来てうち鳴いたる、近うてはなつかしからぬものの声なり。（更級日記）

訳 鹿が縁側のところまで来て鳴いているが、近くては親しみが持てないものの声である。

「うち」は、動詞の上について、言葉の調子を整えたり、意味を加える言葉。「ちょっと」「さっさと」「すっかり」などの意味を添える場合もある。

現代語の「懐かしい」という意味もあるのだけれど、実はこの意味は、鎌倉時代以降に使われるようになったの。

なのめなり ★★

【斜めなり】 形動・ナリ

訳語

①普通だ・いい加減だ

②普通でない・格別だ

いい加減、いや、格別だ

いい加減で平凡な様子を表します。後に「なのめならず」と混同され、「なのめに」の形で②の意味も持つようになりました。

イメージ変換ワード

斜めなり（斜面）

学習ポイント

正反対の意味を持つ点では、「おぼろけなり」と同様。どちらの意味になるかは、文脈から判断する。

例文

①文ことばなめき人こそいと憎けれ。世をなのめに書き流したることばの憎きこそ。（枕草子）

訳 手紙の言葉が無礼な人は、ひどく気に食わない。世の中をいい加減に（思い）書き流している言葉が気に食わないのだ。

②主なのめに喜びて、またなき者と思ひける。（御伽草子）

訳 主人は格別に喜んで、またとない者だと思った。

『御伽草子』は、室町時代から江戸時代にかけて誕生した短編小説群のこと。

関「昔より多くの白拍子ありしが、かかる舞はいまだ見ず。」とて、京中の上下、もてなすことなのめならず。（平家物語）

訳「昔から多くの白拍子（＝舞を舞う遊女）がいたが、このような舞は今までに見たことがない」と言って、都中の身分の高い人も低い人も、もてはやすことは格別である。

かぐや姫のワンポイントアドバイス

「普通でない」「格別だ」という意味で使われるようになったのは、鎌倉時代以降なんですって。

関連語

1 なのめならず【斜めならず】（連語）1普通でない 2格別だ

なべて【並べて】副

★★

訳語

①一面に

②一般に

③普通

おしなべて

たくさん並べることから「一面に」、また、並べて平均化することから「一般に」「普通」の意味が生じました。

イメージ変換ワード

鍋

注…「一班」とかけています

一般に

鍋

二班

一班

学習ポイント

③の意味は、「なべての＋名詞」の形でよく出てくる。この場合は「普通の○○」と訳す。

例文

①秋風の 吹きと吹きぬる 武蔵野は なべて草葉の 色かはりけり（古今和歌集）

訳 秋風が吹きに吹いた武蔵野は、一面に草葉の色が変わったなあ。（あなたの心も私に飽きて、変わってしまった。）

「秋」と「飽き」が掛詞。

②この法師のみにもあらず、世間の人、なべてこの事あり。（徒然草）

訳 この法師だけではなく、世間の人には、一般にこれと同じようなことがある。

③なべての瓢（ひさご）にも似ず、大きに多くなりたり。（宇治拾遺物語）

訳 普通の瓢とは違って、大きくたくさん（実が）なった。

関 舞（まい）の師どもなど、世になべてならぬを採（と）りつつ、（源氏物語）

訳 舞の師なども、世間で格別な者を選んでは、

かぐや姫のワンポイントアドバイス

現代でも、「おしなべて（＝普通、一般に）」の形で残っているわよね。

関連語

1 なべてならず【並べてならず】（連語）1普通でない 2格別だ

153

なやむ ★

【悩む】動・マ行四段

訳語

①苦しむ

②病気になる

肉体的に苦しむ

動詞「萎ゆ（＝力が抜ける）」と関連があり、体が弱るという語源から来ています。

「病気になる」の意味もしっかり覚えましょう。

イメージ変換ワード

納屋（なや）

学習ポイント

現代語の「悩む」は精神的な苦痛を表すが、古語では肉体的な苦痛を表すことが多い。

例文

①今宵、船君、例の病おこりて、いたく悩む。（土佐日記）

訳 今夜、船君（＝紀貫之）は、いつもの病気が起こって、ひどく苦しむ。

「船君」は、船の客の中心的人物のこと。『土佐日記』は紀貫之の作であるが、仮名文字で、女性が書いた日記という体裁をとって書かれている。

②藤壺の宮、なやみ給ふことありて、まかで給へり。（源氏物語）

訳 藤壺の宮は、病気になられて、（宮中から）退出なさった。

関 上る送りなどに、悩ましと言ひて行かぬ人をも、のたまはせしかば、あるかぎり連れだちて、異にも似ず、あまりこそ煩さげなれ。（枕草子）

訳（舞姫が）宮中に参上する見送りなどに、「気分が悪い」と言って行かない（つもりでいた）人にも、（中宮さまが行くように）おっしゃったので、皆で連れ立って行くことは、とりわけ他の舞姫とは同じように見えず、あまりに立派そうであったものだ。

かぐや姫のワンポイントアドバイス

②は病気だけでなく、同じように身体的に苦しい状態というところから、妊娠や出産のことを表す場合もあるわ。

関連語

1 なやまし【悩まし】（形）
1苦しい　2気分が悪い

類 おこたる【怠る】（動）
→P.122

類 わづらふ【煩ふ】（動）
→P.382

ならふ ★

【慣らふ】 動・ハ行四段

訳語

①慣れる

②親しむ

慣れると、親しくなる

「慣る（＝習慣になる）」に反復の助動詞「ふ」がついたもので、物事に繰り返し接することを表します。

イメージ変換ワード

習う

学習ポイント

「習ふ」という漢字表記の場合、「学ぶ」という意味になる。

例文

①ならひて、常に来つつ、ゐ入りて調度うち散らしぬる、いとにくし。（枕草子）

訳（近所の子どもたちが）慣れて、いつもやって来ては居座り、調度品を散らかしてしまうのは、とてもにくらしい。

②ここには、かく久しく遊びきこえて、ならひ奉れり。（竹取物語）

訳ここ（＝人間界）では、このように長く楽しく過ごし申し上げて、親しみ申し上げてまいりました。

例文は、かぐや姫が月に帰っていく際の言葉。

関古体の親どもの陰ばかりにて、月をも花をも見るよりほかのことはなき慣らひに、立ち出づるほどの心地、あれかにもあらず、（更級日記）

訳古風な考え方の親たちの陰に隠れるばかりで、月でも花でも見る以外のことはない習慣なのに、（宮仕えに）出る気持ちは夢見心地で、

かぐや姫のワンポイントアドバイス

現代でも「ならい性となる（＝習慣は、やがて性質のようになる）」や、「世のならい（＝世間で繰り返し起こること）」などの形で残っているわよね。

関連語

1ならひ【慣らひ】（名）1習慣 2世の常

にほふ ★

【匂ふ・丹秀ふ】 動・ハ行四段

訳語

①美しく照り映(は)える

②香る

見た目の美しさ

「丹(に)」は赤い色のことです。もとは赤い色の美しさを表していましたが、のちにすべての色の明るい美しさにも使われるようになりました。

イメージ変換ワード

匂う

香る

クンクン

美しく照り映える

学習ポイント

類義語「かをる」は、「にほふ」と対照的に、嗅覚的なよさ（＝香りのよさ）がもとの意味で、そこから視覚的な美しさも表すようになった。

例文

①いにしへの　奈良の都の　八重桜　けふ九重に　にほひぬるかな

（詞花集、百人一首）

訳遠い昔の奈良の都の八重桜が、今日は京の宮中のこのあたりで色美しく咲いたことだなあ。

「今日」と「京」、「九重」と「ここの辺」が掛詞。

②橘の　にほふあたりの　うたた寝は　夢も昔の　袖の香ぞする

（新古今和歌集）

訳橘の花が香るあたりでうたた寝をしていると、夢までも昔の（恋人の）袖の香がすることだ。

関風通ふ　寝覚めの袖の　花の香に　薫る枕の　春の夜の夢

（新古今和歌集）

訳風が通って、目覚めた（私の）袖の桜の花の香りに香る枕で見た春の夜の夢よ。

かぐや姫のワンポイントアドバイス

本来は視覚的な美しさを表していたのが、後に嗅覚の「よい香り」にも使われるようになったのよ。

関連語

1にほひ【匂ひ】（名）1美しい色つや　2香り

類かをる【薫る】（動）1よい香りがする　2華やかに美しい

ねんごろなり ★★

【懇ろなり】 形動・ナリ

訳語

①親しい

②丁寧だ

③熱心だ

真心こめて、熱心、丁寧

漢字表記にすると、懇切丁寧（こんせつていねい）の「懇」です。真心のこもった様子を表します。

イメージ変換ワード

寝んゴロ（寝てゴロゴロ）

学習ポイント

現代でも、①は「ねんごろになる（＝親密になる）」、②は「ねんごろにもてなす」などと使われる。

①ねんごろに相語らひける友だちのもとに、（中略）「何事もいささかなることもえせで、遣はすこと」。（伊勢物語）

訳 親しく交際していた友人のところに、「わずかなことさえしてやれずに、（妻を）送り出すこと（はつらい）」（と書いた）。

②親の言なりければ、いとねんごろにいたはりけり。（伊勢物語）

訳 親の言いつけであったので、（勅使を）とても丁重にもてなした。

③狩りはねんごろにもせで、酒をのみ飲みつつ、やまと歌にかかれりけり。（伊勢物語）

訳 鷹狩りは熱心にもしないで、酒ばかり飲みながら、和歌に熱中していた。

「鷹狩」は、飼い慣らした鷹やハヤブサなどを使って、野鳥や小型の獣を捕まえさせる狩猟のこと。

かぐや姫のワンポイントアドバイス

平安時代においては「ねむごろなり」と書かれることが多いけど、意味や発音は同じよ。

関連語

対 おろかなり【疎かなり】（形動）→P.142

157

★★

ねんず

【念ず】動・サ行変格

訳語

①祈る

②我慢する

心の中で、じっとこらえる

「心の中で祈る」という意味が原義です。そこから、「我慢する」という意味も生じました。

イメージ変換ワード

寝ん（寝ない）

我慢する

今夜は徹夜だ

チクッ

学習ポイント

①は現代語と同じ意味だが、よく出てくる。ただし、設問で問われやすいのは、②の「我慢する」の意味。

例文

①これらを見るに、げにいかに出で立ちし道なりともおぼゆれど、ひたぶるに仏を念じたてまつりて、宇治の渡りに行き着きぬ。（更級日記）

訳 これらを見ると、本当にどうして旅に出てきてしまった道のりなのだろうかとも思われるけれども、ひたすら仏をお祈りし申し上げて、（ようやく）宇治の渡し場に行き着いた。

例文は、作者が初瀬詣に行く途中の場面。初瀬詣とは、大和国（＝奈良県）の初瀬にある長谷観音にお参りすること。当時は、往復で一週間もかかる長旅だった。

②念じて射むとすれども、ほかざまへいきければ、荒れも戦はで、心地ただ痴れに痴れて、まもり合へり。（竹取物語）

訳 我慢して射ようとするけれども、（矢は）他の方向へ飛んで行ったので、荒々しくも戦わないで、気持ちはただもう呆然として、お互い見つめ合っている。

かぐや姫を迎えに、月からの使者たちが来た場面。かぐや姫を守るために警護をしていた人々は、物の怪に襲われたような心地で戦う気力を失ってしまった。

神や仏に関する話のときは、「祈る」の意味で使われやすいわね。

158

ののしる ★★

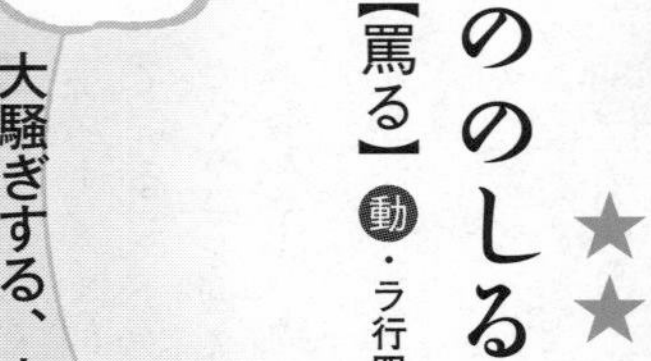

【罵る】動・ラ行四段

訳語

①大騒ぎする

②評判が高い

大声で騒ぐ・世間で騒がれる

大騒ぎする、大きな音を立てるというのが原義で、世間で騒がれることから「評判が高い」という意味が生じました。

学習ポイント

現代語の「罵倒する」意味は、中世末期に使われるようになった。しかし、入試で問われることはない。

イメージ変換ワード

野の汁（野原の汁）

①「一条室町に鬼あり」とののしりあへり。（徒然草）

訳「一条室町に鬼がいる」と大騒ぎし合っている。

「女が鬼になったのを連れてきた」という噂が出て、人々は鬼見物のためにあちこちを探し回っていた。そんな中で例文のように騒ぐ人々がいたので、人を遣いに出したものの、結局鬼を見たという人はいなかったのだった。この時代でも起こっていたようであるデマが大きく広がってしまうということは、

②この世にののしり給ふ光源氏、かかるついでに見奉り給はむや。（源氏物語）

訳世間で評判が高くていらっしゃる光源氏を、こういう機会に拝見しなさいませんか。

光源氏は、十八歳の頃に病気になり、治してもらうために北山の僧の元に向かい、そこでまだ十歳の紫の上と出会う。源氏が紫の上を垣間見していたところ、例文のように僧都が「世間で評判の源氏にご挨拶しに行こう」と言うので、源氏は慌てて帰るのだった。

他の動詞に付くと、「大声で〜する」という意味になるわ。たとえば、「泣きののしる」というと、「大声で泣く」という意味になるの。

関連語

類らうがはし【乱がはし】(形)

→P.374

★★

はかなし

【果無し】形・ク

訳語

①頼りない

②むなしい

③ちょっとした

弱々しくて、あてにならない

「見当」「結果」を表す「はか」に、「無し」がついてできた語です。物事がはかどらないことから、あてにならない気持ちを表します。

イメージ変換ワード

墓、無し

学習ポイント

他にも「短い」「つまらない」など様々な訳語があるので、文脈に応じた訳を考える必要がある。

例文

①桜ははかなきものにて、かく程なく移ろひさぶらふなり。（宇治拾遺物語）

訳 桜（の花）はあっけないものであって、このように間もなく散るのです。

②はかなく日ごろ過ぎて、後のわざなどにも、こまかにとぶらはせたまふ。（源氏物語）

訳 むなしく数日が過ぎて、（帝は）後の法要などにも、心を込めてお見舞いをお遣わしになる。

③梨の花、よにすさまじきものにして、近うもてなさず、はかなき文つけなどだにせず。（枕草子）

訳 梨の花は、じつに興ざめなものとして、手近だけれどもてはやさず、ちょっとした手紙を結びつけるなどさえもしない。

ここでは作者・清少納言は梨の花は興ざめだと述べているが、梨の花は中国では楊貴妃（＝唐の絶世の美女）の顔に例えられるほど素晴らしいものとされている。そのことから、例文に続く部分では、やはり素晴らしいのだろうと清少納言も思い直している。

かぐや姫のワンポイントアドバイス

男女関係について言うときにも使われるわ。

関連語

1 はかなくなる【果無くなる】（連語）死ぬ

類 いたづらなり【徒なり】（形動）→P.94

対 はかばかし（形）→P.308

160

はかばかし ★★

【果果し】形・シク

訳語

①てきぱきしている

②しっかりしている

③際立っている

どんどんはかどる

「はかどる」が形容詞になったもので、物事が順調に進み、成果のある状態を表します。

学習ポイント

例文のように、後に打消の語がくることが多い。

イメージ変換ワード

墓、墓

てきぱきしている

しっかりしている

際立っている

①はかばかしからずさぶらへども、詠みさぶらひなむ。（宇治拾遺物語）

訳 てきぱきとはゆきませんが、（歌を）詠みましょう。

②居家ばかりを構へて、はかばかしく屋を造るに及ばず。（方丈記）

訳（小さな）住居だけを造って、しっかりと屋敷（全体）を造るには至らない。

『方丈記』は、鴨長明の随筆。三十歳を過ぎてから、例文にある小さな住居を賀茂川の近くに構えた。さらに五十歳ごろには出家し、日野の山で方丈の庵（＝五畳半ほどの草庵）に住み、隠遁生活を送る。世の中の無常やはかなさを描いた『方丈記』の書名は、このことが由来。

③やうやう入り立つ麓のほどだに、空のけしき、はかばかしくも見えず。（更級日記）

訳 だんだん入ってゆく（山の）ふもとのあたりでさえ、空の様子は、はっきりとも見えない。

「はか」は、「見当」「結果」のことよ。「はかなし」「はかる」と共通しているわね。

関連語

対 はかなし【果無し】（形）→P.306

はかる ★

【計る・量る・謀る】

動・ラ行四段

訳語

［計る・量る］
①推量する

［謀る］
②だます

推し量り、だます

「見当」を意味する「はか」から生まれた語で、見当をつけるというのが原義です。「たくらむ」といった悪い意味でも使われるようになりました。

イメージ変換ワード

量る

学習ポイント

「測定する」という意味もあるが、重要なのは①と②の意味。

①この楫（かぢ）取りは、日もえはからぬ、かたゐなりけり。　（土佐日記）

訳　この船頭は、天気も予測できないばか者であった。

船頭が「今日は風や雲の様子がとても悪い」と言うので、船を出さなかったのだが、一日中波も風も立たなかったので、不満を述べている。

②「我をば、はかるなりけり」とてこそ泣かせたまひけれ。　（大鏡）

訳　「私をだましたのだなあ」と言ってお泣きになった。

藤原兼（かね）家と、その息子・道兼（かね）の策略によってだまされて出家させられたことに気づいた花山天皇の言葉。

関　いづこをはかりとも覚えざりければ、かへり入りて、　（伊勢物語）

訳　（女を探すのに）どこに見当をつければいいのかもわからなかったので、家に帰ってきて、

かぐや姫の
ワンポイントアドバイス

現代語でも「推し量る」「謀られた……」などと使われているわよね。

関連語

1 はかり【計り・量り】（名）
1見当　2計画

類 かまふ【構ふ】（動）
→P.164

類 たばかる【謀る】（動）
→P.252

類 はかばかし【果果し】（形）
→P.308

はしたなし ★★

【端なし】形・ク

訳語

①中途半端だ
②きまり悪い
③そっけない

どっちつかずで中途半端だ

中途半端という意味の「端」と、形容詞をつくる接尾語の「なし」でできた語です。「なし」は「無い」ではありません。「甚(はなはだ)しい」状態を表します。

イメージ変換ワード

橋、無し

中途半端だ

学習ポイント

連用形「はしたなく」の形で、「激しく」という意味で使われることもある。

①いとはしたなく悲しかるべきことにこそあべかめれ。（更級日記）

訳 とても中途半端で、悲しいようなことになりそうだ。

作者の菅原孝標女（すがわらのたかすえのむすめ）が宮仕えをすることになり、当初はそれを楽しみにしていたものの、いざ実際に出仕してみると大変なことが多かったので、このように感じている。

②はしたなきもの。こと人を呼ぶに、われぞとさし出でたる。物など取らするをりはいとど。（枕草子）

訳 物などをくれようというときは、なおさらである。

『枕草子』の「はしたなきもの」の段。他に、かわいそうな話を聞いていても涙が出てこないときなどが挙げられている。現代にも当てはまる話で、親しみが持てる。

③はしたなくも、なさし放ちたまひそ。（源氏物語）

訳 そっけなくも、放っておいたりなさらぬように。

かぐや姫のワンポイントアドバイス

「きまり悪い」というのは、現代語の「はしたない（＝慎みがなく、みっともない）」に近いわ。

はべり ★★

【侍り】 敬動・ラ行変格

訳語

① 謙 お仕え申し上げる

② あります 丁

③ 〜です・〜(でござい)ます
【丁の補動】

「仕ふ」の謙 or 「あり」「をり」の丁

①は「仕ふ」の謙譲語、②は「あり」「をり」の丁寧語、③は丁寧の補助動詞です。

イメージ変換ワード

歯、ベリッ

学習ポイント

「〜てはべり」の場合は、③の丁寧の補助動詞になる。入試で問われることが多い。

①うしろざまに「たれたれか侍る」と問ふこそをかしけれ。（枕草子）
訳後ろ向きに「誰々がお仕え申し上げているか」と問うのがおもしろい。

②おのがもとに、めでたき琴（こと）はべり。（枕草子）
訳私のところに、すばらしい琴がございます。

③あなかま。みな聞きてはべり。（源氏物語）
訳ああうるさい。（私は）みんな聞いております。

③仕うまつらまほしうはべれど、世の中のうたて煩はしうはべれば、つつましうてなむ。（落窪物語）
訳（あなたに）お仕え申し上げたいのですが、世間がいやに面倒でございますので、遠慮されて（お仕え申し上げずに）います。

かぐや姫のワンポイントアドバイス

平安時代によく使われていたのは、謙譲語よりも丁寧語としての用法が中心よ。

関連語
同さぶらふ・さうらふ【候ふ】（敬動）→P.208

はらから

【同胞】名

腹から

訳語

①兄弟

②姉妹

同じ腹から生まれたもの

「腹」に、親族を意味する「から」がついてできた語で、母親が同じである兄弟姉妹を表します。

学習ポイント

後には、異母の兄弟姉妹も表すようになった。

①近うて遠きもの。宮のべの祭。思はぬはらから親族(しぞく)の仲。（枕草子）

訳 近くて遠いもの。宮のべの祭り。親しく思わない兄弟、親族の間柄。

「宮のべの祭」は、十二月と正月の最初の午の日に行われる祭。一か月しか離れていないが、年をまたぐので「近くて遠いもの」に挙げている。この次の段では、逆に「遠くて（実は）近いもの」として、極楽、舟の道中、男女の仲を挙げている。

②いとなまめいたる女はらから住みけり。（伊勢物語）

訳 たいそう若々しくて美しい姉妹が住んでいた。

参考 何事の御気色をも、しるく見たてまつり知れる御乳母子(めのとご)の弁、命婦(みやうぶ)などぞ、（源氏物語）

訳 どんなご様子も、はっきりと見申し上げ、存じ上げている（藤壺の女御と）乳兄妹(ちきょうだい)である弁、命婦(みょうぶ)などが、

他に兄弟姉妹の関連語としては、「めのとご（＝乳兄弟(ち)）」「おと（＝おとうと）」「おとと（＝弟または妹）」などがあるわね。（→参考）

関連語

類 いもせ【妹背】（名）1夫婦 2妹と兄・姉と弟

類 いもうと【妹】（名）男性から見た姉、または妹

ひがこと・ひがごと ★★

【僻事】名

訳語

①まちがい

②悪事

まちがっていること

「ひが」は、「まちがっている」という意味の接頭語で、それに「こと」がついてできた語です。

イメージ変換ワード

火が琴

学習ポイント

「ひが」は、様々な派生語を作るので、関連語をまとめて覚えておく。漢字の読み方も出題されることがある。

例文

①いかでなほ少しひがこと見つけてを止まむ。（枕草子）

訳 何とかしてやはり少しでも（女御の）まちがいを見つけて、（その上で）止めよう。

②衣食世の常なる上に、ひがごとせん人をぞ、まことの盗人とはいふべき。（徒然草）

訳 衣食が世間並みである上に、悪事をするような人こそ、本当の盗人というべきである。

関 少し奥まりたる山住みもせで、さる海面に出でゐたる、ひがひがしきやうなれど、（源氏物語）

訳（出家後の明石入道は、）少し奥まったところにある山に住むこともしないで、そのような海辺に出て暮らしているのは、ひねくれているようであるが、

「ひがごと」とも読まれるようになったのは、江戸時代からよ。

関連語

1 ひがひがし【僻僻し】（形）ひねくれている

2 ひがごころ【僻心】（名）ひねくれた心

3 ひがおぼえ【僻覚え】（名）記憶ちがい

4 ひがみみ【僻耳】（名）聞きちがい

ひま

【隙・暇】 名

★★

訳語

①すき間

②合間(あいま)

空間的・時間的なすき間

現代語の「ひま」は時間的な意味のみで使われますが、もともとは空間的なすき間を表しました。後に時間的なすき間である②の意味が生じました。

イメージ変換ワード

暇

学習ポイント

人と人のすき間という意味で、「不仲」の意味になることもある。

例文

①女房のひまなくさぶらふを、「あないみじの御許(おもと)たちや」。（枕草子）

訳 女房たちがすき間もなくお仕えしているのを、「ああ、とても美しい御婦人たちよ」。

②ひまもなき 涙にくもる 心にも 明かしと見ゆる 月の影(かげ)かな（更級日記）

訳 絶え間ない涙で（暗く）曇っている（私の）心にも、明るいと感じられる月の光だなあ。

関 打ち古めきたる人の、おのがつれづれといとま多かる慣らひに、昔覚えて異なることなき歌詠みておこせたる。（枕草子）

訳（時流に乗って栄えている人に、）古めかしい人が、自分が退屈で暇が多い習慣のため、昔風の際立ったところのない歌を詠んでよこしてくる（のは興ざめだ）。

現代語の「ひま」の、「することがなくて退屈だ」という意味を表したい場合は、古語では「つれづれなり（→P.272）」と言うの。

関連語

類 いとま【暇】（名）1暇（ひま）2休み

びんなし　★★

【便なし】形・ク

訳語

①不都合だ

②気の毒だ

都合が悪いと気の毒だ

「便(びん)(＝都合)」に「なし」がついた語で、都合が悪い様子を表します。

イメージ変換ワード

便なし（飛行機の便がない）

学習ポイント

漢字もよく出題されるので、読みも含めて覚えておく。

例文

①びんなき言ひ過ぐしもしつべき所々もあれば、（中略）心よりほかにこそ漏りいでにけれ。（枕草子）

訳 不都合な言い過ぎもしてしまった所もいくつかあるので、意外にも（世間に）漏れ出てしまったことだ。

②きのふの価、返しくれたびてむやと侘ぶ。いとびんなければ、ゆるしやりぬ。（風俗文選）

訳 （商人が）昨日の代金を、返してくださいませんかと頼みこむ。とても気の毒なので、（頼みを）ゆるしてやった。

関 男は、上戸、一つの卿のことにすれど、過ぎぬるはいとふびんなる折はべりや。（大鏡）

訳 男は、酒をたくさん飲む人は、一つの趣のあることとしても、度を越してしまうとたいへん不都合なときもありますなあ。

文末の「や」は、ここでは詠嘆の終助詞。

かぐや姫のワンポイントアドバイス

主観的に「不都合」という場合と、客観的に見て「気の毒」という場合があるわ。

関連語

同 ふびんなり【不便なり】（形動）

168

ふみ【文・書】名

★★

文字で書かれたもののことを表します。「手紙」の意味が最も多く、次に「漢詩」の意味が重要です。

文字で書かれたもの

訳語

①手紙

②書物

③学問

④漢詩

イメージ変換ワード

踏み

学習ポイント

「学問」の場合は「漢学」について言うことが多く、「書物」の場合は、漢籍や医学書など様々なものを指す。

①文を書きてやれど、返事(かへりごと)もせず。（竹取物語）

訳 手紙を書いて送るけれど、（かぐや姫は）返事もしない。

②かかることは文にも見えず、伝へたる教へもなし。（徒然草）

訳 こういうことは（医学の）書物にも見当たらず、伝えている教えもない。宴で酔った人が面白がって近くにあった容器を被ったところ、取れなくなってしまう。助けを求めて医者の元へ行くのだが、医者からもこのように言われ、なかなか取ることができないのだった。

③ふみの道の、おぼつかなく思(おぼ)さるることどもなど。（源氏物語）

訳 学問の道で、はっきりしないとお思いになっていることなど。

④唐土(もろこし)には限りなきものにて、文にも作る。（枕草子）

訳 （梨(なし)の花は）中国ではこの上ないものとして、漢詩にも作る。

「文(ふみ)を作る」「作文(さくもん)」は、漢詩を作ることを表しているの。現代語のように一般的な文章を作ることではないから注意が必要ね。

★★

ふるさと

【古里・故郷】名

訳語

①旧都

②昔なじみの地

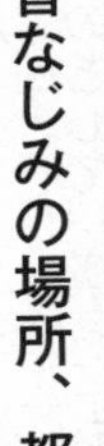

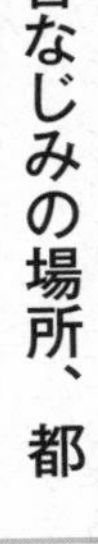

昔なじみの場所、都

現代語と同じ「生まれ故郷」の意味もありますが、生まれ故郷でなくても、昔なじみの地であれば「ふるさと」となります。

イメージ変換ワード

降る、砂糖

旧都

砂糖

甘〜い

学習ポイント

「生まれ故郷」の意味で問われることは、ほとんどない。

①ふるさとと なりにし奈良の 都にも 色は変はらず 花は咲きけり
（古今和歌集）

訳 旧都となってしまった奈良の都にも、色は（昔と）変わらず、桜の花が咲いたことだなあ。

現代では京都は旧都となるが、平安時代の旧都といえば奈良を指す。例文は、平城天皇が詠んだ歌。平城天皇は病気がちで、そのために即位してから三年で嵯峨（さが）天皇に譲位し、上皇として旧都の奈良に移り住んだ。

②人はいさ 心も知らず ふるさとは 花ぞ昔の 香（か）ににほひける
（古今和歌集）

訳 人の心はさあどうだかわからないが、昔なじみの地には、（梅の）花が昔のままの香りで咲き匂っていることだよ。

『土佐日記』の作者としても知られる、紀貫之（きのつらゆき）が詠んだ歌。

参考 このふる里の女の前にてだにつつみ侍るものを、
（紫式部日記）

訳 自分の実家の侍女の前でさえ（学問の才を）隠しておりますのに、

宮中の女房たちは、自分の「実家」のことを「ふるさと」や「さと」と言ったのよ。（↓参考）

ほだし【絆】名 ★

訳語

①束縛

②係累（けいるい）（妻や子など）

自分の身を束縛するもの

動物をつなぎ留める綱（つな）が原義です。自由を束縛するものを表します。

イメージ変換ワード

帆、出し

学習ポイント

②は、家族の存在が出家の妨げとなり、自分を束縛することから生まれた意味。

①かかるほだしだに添はざらましかば、願はしきさまにもなりなまし。（源氏物語）

訳 せめてこのような束縛（＝わが子）だけでも加わらなかったら、願い通り（＝出家の身）にきっとなっただろう。

「だに」は、「せめて～だけでも」と最小限の願望を表す副助詞。
「なまし」は、完了の助動詞「ぬ」の未然形＋反実仮想の助動詞「まし」の終止形。

②ほだし多かる人の、（中略）望みふかきを見て、むげに思ひくたすはひがごとなり。（徒然草）

訳（妻子など）係累の多い人が欲深いのを見て、むやみに軽蔑するのは間違いである。

関「この男にほだされて」とてなむ泣きける。（伊勢物語）

訳「この男（の情愛）に縛られて」と言って（女は）泣いた。

係累（けいるい）とは、面倒を見なければならない親や妻子のことよ。

関連語

1 ほだす【絆す】（動）1つなぎ留める　2束縛する

まうけ ★

【設け・儲け】名

訳語

①準備

②ごちそう

あらかじめ用意する

読み方は「モウケ」。将来のために、あらかじめ用意することを表します。

学習ポイント

現代語の「儲け（＝利益）」の意味はないので注意。

イメージ変換ワード

儲け

①土を積みて塚とし、雨露を防ぐまうけもあり。（雨月物語）

訳 土を積んで墓とし、雨露を防ぐ用意もしてある。

②入道、今日の御まうけ、いといかめしう仕うまつれり。（源氏物語）

訳 入道は、（光源氏を送別する）今日のごちそうを、とても立派にお作り申し上げた。

関 乾き砂子を設くるは、故実なりとぞ。（徒然草）

訳 （庭を手入れする人が）乾いた砂を準備するのは、昔からのしきたりだそうだ。

関 疾うよりさる御心設けは思し寄らせ給ひにけるにや。（大鏡）

訳 （馬頭殿は）早くからそのようなお心づもり（＝出家の計画）を思いつきなさっていたのだろうか。

かぐや姫のワンポイントアドバイス

現代でも「設けの席（＝用意された席）」などの形で残っているわ。

関連語

1 **まうく**【設く・儲く】（動）
準備する

2 **こころまうけ**【心設け】（名）
心づもり

類 **ようい**【用意】（名）
→P.63

172

まかる ★

【罷る】 敬動・ラ行四段

訳語

①退出する 謙

②参上する 謙
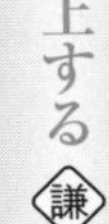

［まかり＋動詞］
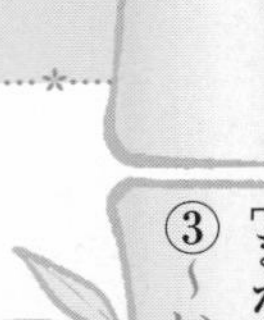
③〜いたす 謙

「出(い)づ」の 謙 or 「行(ゆ)く」の 謙

「出づ」の謙譲語で、高貴なところから「退出する」。あるいは、「行く」の謙譲語で「参上する」。

イメージ変換ワード

間(ま)、借る（部屋を借りる）

参上する
こんにちは
大家さん

お支払い いたす
家賃

退出する

学習ポイント

③は、動詞の上について、「〜いたす」と謙譲の意味を表す。

①権中納言の「やや、まかりぬるもよし」とて、うち笑み給へるぞめでたき。（枕草子）

訳 権中納言が「まあ、退出してしまうのも良いではないか」と言って微笑みなさったのは素晴らしい。

②今日なむ、天竺へ石の鉢取りにまかる。（竹取物語）

訳 今日まさに、天竺（＝インド）へ石の鉢を取りに参ります。

③たまたまこの道にまかり入りにければ。（枕草子）

訳 たまたまこの道（＝漢学の道）に入っておりましたので。

関 まかりいでて、明後日ばかり参り来む。（大和物語）

訳 （少将が、）「（今日は）退出して、明後日ごろに参上しましょう」。

かぐや姫の
ワンポイントアドバイス

「まかる」は、ほとんどの場合、会話文の中に出てくるわ。

関連語

1 まかづ【罷づ】（敬動） 1退出する 2参上する

2 まかりいづ（敬動） 1退出する 2参上する

173

★★

まどふ

【惑ふ】動・ハ行四段

「まどふ（＝からみつく）」が変化した語です。どうしてよいかわからない状態を表します。

心が迷う

訳語

①あわてる

②迷う

③ひどく（〜する）

イメージ変換ワード

窓、打つ

学習ポイント

動詞の連用形につくと、③の「ひどく（〜する）」という意味になる。

①酒宴(しゅえん)ことさめて、いかがはせんとまどひけり。（徒然草）

訳 酒宴は興ざめて、（人々は）どうしたものかと、うろたえた。

仁和寺の僧が、酔っ払ってそばにあった足鼎(あしがなえ)（＝湯を沸かすなどに使う三本足の金属製の容器）を被ったところ、取れなくなってしまった場面。

②道知れる人もなくてまどひ行きけり。（伊勢物語）

訳 道を知っている人もいなくて、迷いながら行った。

『伊勢物語』九段〜十三段までの東下(あずま)りの段。主人公は、自分の身は無用のものだとして、友人とともに京の都から武蔵の国へ、住むべき国を探そうと旅に出る。

③目・眉(まゆ)・額(ひたひ)なども腫(は)れまどひて、うち覆(おほ)ひければ、物も見えず。（徒然草）

訳 目・眉・額(ひたい)などもひどく腫れて、顔に覆(おお)い被(かぶ)さったので、物も見えない。

かぐや姫の
ワンポイント
アドバイス

現代語でも「戸惑う」「逃げ惑う」などの形で残っているわね。

174

まばゆし

【眩し】形・ク

訳語

①まぶしい

②美しい

③恥ずかしい

まぶしくて、直視できないほどだ

「まぶしい」が原義です。そこから、まぶしいほど「美しい」、直視できないほど「恥ずかしい」状態も表します。

イメージ変換ワード

まばたき

まぶしい

学習ポイント

悪い意味で「見ていられない」と訳すこともある。

①車にさし入りたるもまばゆければ、扇してかくし、（中略）葵鬘どももうちなびきて見ゆる。（枕草子）

訳（昨日は）牛車にさし込んでいる（日の光）もまぶしいので、扇で顔を隠し、（今日は）葵鬘も風になびいて見える。

「葵鬘」は、烏帽子や牛車につける飾りのこと。

②いとまばゆきまでねびゆく人のかたちかな。（源氏物語）

訳ほんとうに輝くぐらい美しいほどに成長してゆく人（＝光源氏）の顔立ちだなあ。

③なかなか昼よりも顕証に見えてまばゆけれど、念じて見などす。（枕草子）

訳かえって昼間よりもはっきり見えて恥ずかしいが、我慢して（中宮さまの取り出した絵を）見たりする。

「顕証に」は、「あらわだ」「目立っている」という意味の形容動詞「顕証なり」の連用形。

かぐや姫の
ワンポイント
アドバイス

よい意味では「美しい」、悪い意味では「恥ずかしい」となるわ。

175

まほなり ★

【真秀なり】 形動・ナリ

訳語

①完全だ

②よく整っている

完全に抜きん出た状態

「真(ま)」は完全を表す接頭語で、「秀(ほ)」は高く抜き出たものを表します。

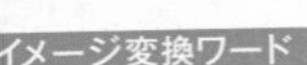

イメージ変換ワード

魔法

学習ポイント

例文②のように、下に打消の語が来ることが多い。

例文

①かたほなるをだに、乳母(めのと)やうの思ふべき人は、あさましうまほに見なすものを。（源氏物語）

訳不完全である（出来の悪い）子でさえ、乳母のような（子どもを）大切に思うのが当然の人は、あきれるほど完全だと思いこむものだが。

「だに」は、言外に他のものを類推させる助動詞。「〜さえ」と訳す。例文は、「まして、光栄なことに光源氏を育て上げた自分は、涙がこぼれる」と続く。

②多かめりし言どもも、かうやうなる折の、まほならぬこと数々に書きつくるのは、（源氏物語）

訳多くの歌が詠まれたらしいが、このような（酔った）折の、よく整っていない歌を、数々書き作るのは、

関山のふところより出で来たる人々の、かたほなるはなかりけるこそ。（源氏物語）

訳（宇治の）山の奥深いところで成長した人々で、未熟な人などいなかった。

かぐや姫の
ワンポイント
アドバイス

「まほなり」に対して、関連語の「かたほなり」「片秀なり」は、「不完全だ」「片方だけ」という意味よ。「片方だけ」と覚えましょう。

関連語

対かたほなり【片秀なり】（形動）不完全だ

まめなり ★★

【忠実なり・真実なり】

形動・ナリ

訳語

①誠実だ

②実用的だ

人は誠実、物は実用的

「まめ」は、真面目で誠実なことです。人に対して言うときは「誠実さ」、物に対して言うときは「実用性があること」を表します。

学習ポイント

対象が人か物かによって意味を訳し分ける。

イメージ変換ワード

豆

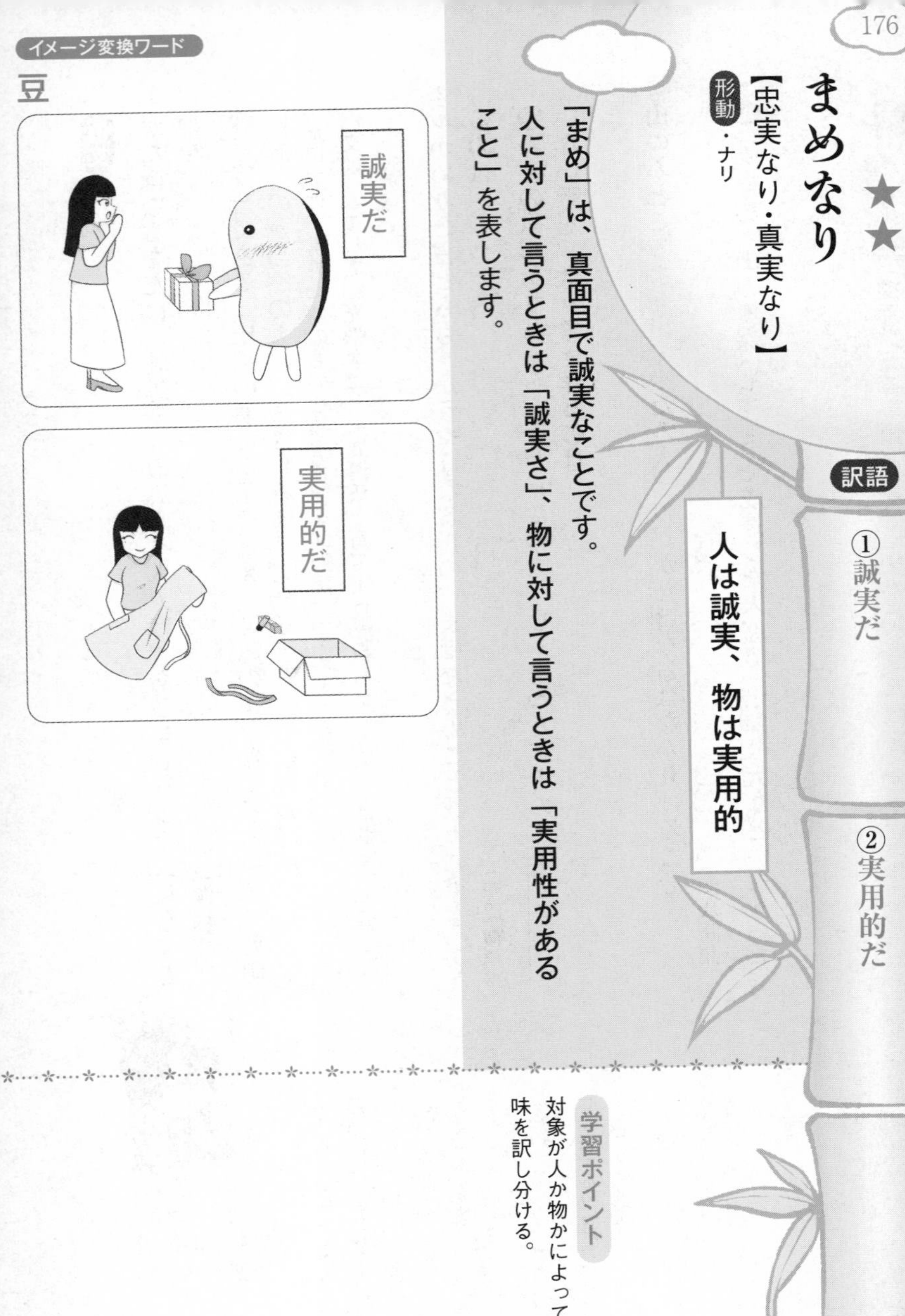

①まめなる男ども二十人ばかりつかはして、あななひにあげ据ゑられたり。（竹取物語）

訳 忠実な男（＝家来）たちを二十人ほど派遣して、足場に登らせておかれた。

②車にてまめなるもの、さまざまにもて来たり。（大和物語）

訳 牛車で実用的なものを、いろいろ持って来た。

関 かたじけなくとも、かかるついでにまめまめしう聞こえさすべきことなむ。（源氏物語）

訳 恐れ多いことであっても、このような（山に来た）機会に、誠実に申し上げなければならないことがございます。

関 すべて世の中のありにくく、わが身と栖とのはかなくあだなるさま、またかくのごとし。（方丈記）

訳 何事につけても、この世は生きにくく、自分の身と住まいが頼りなくはかない様子は、またこの（大地震の後の）ようなものだ。

かぐや姫のワンポイントアドバイス

現代語の「まめな人」などとは、少し意味が違うの。

関連語

同 まめまめし【忠実忠実し】（形）

同 まめやかなり【忠実やかなり】（形動）

対 あだあだし【徒徒し】（形）浮気だ

対 あだなり【徒なり】（形動）1むだだ 2はかない 3浮気だ

177

★★

まゐる

【参る】 敬動・ラ行四段

訳語

①参上する 謙

②差し上げる 謙

③召し上がる 尊

「行く」「与ふ」の謙、「食ふ」の尊

「行く・来」「与ふ」の謙譲語、「食ふ・飲む」の尊敬語です。「参拝する」という意味もあります。

マイル（飛行機のマイレージ）

学習ポイント

謙譲語の用法が多いが、設問では尊敬語の用法が問われることが多い。

例文

①宮にはじめて参りたるころ、もののはづかしきことの数知らず。（枕草子）

訳（中宮定子さまの）御所に初めて参上したころ、なんとなく恥ずかしかったことは、数知れない。

②親王に、馬の頭、大御酒まゐる。（伊勢物語）

訳親王に、馬の頭（＝在原業平）が、お酒を差し上げる。

③心地もまことに苦しければ、物もつゆばかりまゐらず。（源氏物語）

訳気分も本当に苦しいので、食べ物も少しも召し上がらない。

参考 御梳櫛、御手水などまゐりて、御鏡を持たせさせ給ひて、（枕草子）

訳（中宮さまが）髪を櫛でおとかしになり、お手水で顔をお洗いになって、お鏡を（私に）お持たせになって、

かぐや姫のワンポイントアドバイス

他に「す」の尊敬語として、様々な意味を表すこともあるわ。（→参考）

関連語

1 みかうしまゐる【御格子参る】（連語）格子をお上げ（お下げ）申し上げる

2 まゐらす【参らす】（敬動）1差し上げる　2（お）～申し上げる

類 まうづ【詣づ】（敬動）

→P.442

みる

【見る】動・マ行上一段 ★

訳語

①会う

②結婚する

③世話をする

結婚する、世話をする

「視覚をはたらかせて物事を知る」というのが原義です。広い意味で使われるようになりました。

イメージ変換ワード

見る

この娘さんどう？

お見合い写真↓

会う

学習ポイント

原義の「見る」という意味もあるが、出題されることはない。②と③の意味が重要。

例文

①見るには、あやしきまでおいらかに、こと人かとなむおぼゆる。（紫式部日記）

訳（実際に紫式部に）会ってみると、不思議なぐらいおっとりしていて、まるで別人かと思われる。

②さやうならむ人をこそみめ。似る人なくもおはしけるかな。（源氏物語）

訳そのような（＝藤壺（ふじつぼ）の女御（にょうご）のような）人とこそ結婚したい。似ている人もなくいらっしゃるなあ。

③老い衰（おとろ）へ給へるさまを見たてまつらざらむこそ、恋しからめ。（竹取物語）

訳（ご両親の）老い衰えなさる様子を、お世話し申し上げないことが、（月に帰った後）恋しく思われるでしょう。

関少将などいふほどの人に見せむも惜しくあたらしきさまを、（源氏物語）

訳少将などという程度の人と結婚させるのも惜しくもったいないようなのを、

かぐや姫のワンポイントアドバイス

貴族の女性が男性の顔を見るというのは、結婚するほど深い仲になるということなのよ。

関連語

1 **みゆ【見ゆ】**（動）→P.444

2 **みす【見す】**（動）1見せる　2結婚させる

むすぶ ★

【掬ぶ・結ぶ】動・バ行四段

離れているものを紐(ひも)で一つにまとめることが原義です。

結んで一つにまとめる

訳語

［掬ぶ］①（水を手で）すくう

［結ぶ］②作る

イメージ変換ワード

（おむすびを）むすぶ

学習ポイント

他に「約束する」という意味もある。（→参考）

①手にむすびてぞ水も飲みける。いかばかり心のうち涼しかりけん。（徒然草）

訳 手ですくって水も飲んだ。どんなにか心の中は、清々(すがすが)しかったことであろう。

中国の許由(きょゆう)という賢人が、水さえも道具を使わず、手ですくって飲んでいた例を挙(あ)げている部分。人はぜいたくをせず、質素に生きるのがすばらしいと述べている。

②三十(みそぢ)あまりにして、さらにわが心と、一つの庵(いほり)をむすぶ。（方丈記）

訳 三十歳あまりになって、あらためて自分の決心で、一つの草庵(そうあん)を作る。

「庵」とは、世捨て人が住む、粗末な家のこと。

参考 親となり子となり、夫婦の縁をむすぶも、（平家物語）

訳 親となり子となり、夫婦のつながりを約束するのも、

水をすくって飲む場面に多く使われるわ。「作る」という意味では、「おむすび」の語源という説があるの。

むつかし ★★

【難し】形・シク

訳語

①不愉快だ

②わずらわしい

③気味が悪い

面倒で嫌だ

不快感や恐怖感を表します。現代語で「赤ん坊がむつかる（＝機嫌が悪く、ぐずる）」という場合の意味に近いです。

イメージ変換ワード

難しい

学習ポイント

現代語の「難しい」意味を表すのは、古語では「かたし」。

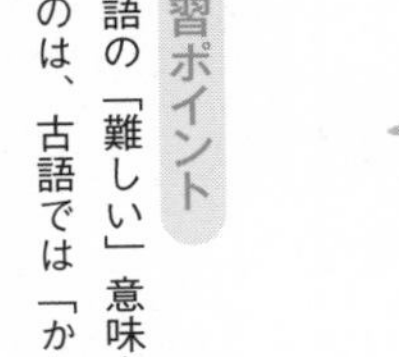

①女君は、暑くむつかしとて御髪（みぐし）すまして、すこしさはやかにもてなしたまへり。（源氏物語）

訳 女君は、暑くて不愉快だと言って、御髪を洗って、少しさっぱりした様子で振る舞いなさった。

②その事はてなば、とく帰るべし。久しくゐたる、いとむつかし。（徒然草）

訳 その用事が終わったならば、早く帰るのがよい。長居（ながい）をしているのは、まことにわずらわしい。

③遅ざくら、またすさまじ。虫のつきたるもむつかし。（徒然草）

訳 遅咲きの桜は、興ざめなものだ。毛虫のついたのも、気味が悪い。

関 むつかしげにおはするほどを、絶えず抱き取りたまへば、（源氏物語）

訳 （生まれたばかりで）扱いにくそうでいらっしゃるのを、（紫の上が）絶えず抱き上げなさるので、

かぐや姫のワンポイントアドバイス

現代語の「難しい」意味は、この語の「わずらわしい」という意味からきているの。

関連語

①むつかしげなり【難しげなり】（形動）1むさくるしそうだ　2わずらわしそうだ　3気味が悪そうだ

めざまし ★

【目覚まし】形・シク

訳語

①あきれた様子だ・気にくわない

②すばらしい・立派だ

目が覚めるほどすばらしい or 気にくわない

動詞「目覚む」が形容詞化した語です。身分の高い人から低い人を見て、**目が覚めるほど意外で驚く様子を表します。**

イメージ変換ワード

目覚まし（時計）

学習ポイント

悪い意味で使われることが多い。

例文

①初めより我はと思ひ上がり給へる御方々、めざましきものに、おとしめそねみ給ふ。（源氏物語）

訳当初から、我こそは（帝の寵愛を受けるのだ）と思い上がりなさっている方々（＝お妃たち）は、（桐壺更衣を）気にくわない者であると、見下し、嫉妬なさる。

②うちとけたらぬもてなし、髪の下がり端、めざましくも、と見たまふ。（源氏物語）

訳（中将の君の）気を許していない態度、額髪の垂れぎわが、すばらしいと（光源氏は）ご覧になる。

関いづくにもあれ、しばし旅だちたるこそ、めさむる心地すれ。（徒然草）

訳どこでもよいが、しばらく旅に出ているのは、実に目が覚めるほど新鮮な気持ちがする。

かぐや姫のワンポイントアドバイス

同じ驚きでも、プラスの場合は「すばらしい・立派だ」、マイナスの場合は「あきれた・気にくわない」になるわ。

関連語

1めさむ【目覚む】（動）1目が覚める　2目が覚めるほど新鮮だ

めす【召す】 ★

敬動・サ行四段

「呼ぶ・取り寄す・食ふ・飲む」の尊敬語です。

訳語

①お呼びになる 尊

②お取り寄せになる 尊

③召し上がる 尊

「呼ぶ」「取り寄す」「食ふ」の尊

イメージ変換ワード

メス

学習ポイント

動詞の後に付き、敬意を強める補助動詞としての用法もある。

例：思し召す（＝お思いになる）

①ほのうち霧りたる朝の露もまだ落ちぬに、殿、歩かせ給ひて、御随身召して、遣(き)水払はせたまふ。（紫式部日記）

訳 ほのかに霧がかかっていて、朝の露もまだ落ちない頃に、殿がお歩きになって、御随身をお呼びになって、遣り水を（きれいに）払わせなさる。

「随身」とは、貴人を警護する人のこと。

「霧り」は、「霧る（＝霧がかかる）」の連用形。

②まづ軾(ひざつき)をめさるべくや候ふらん。（徒然草）

訳 まず、ひざつき（＝敷物(しきもの)）をお取り寄せになるべきではないでしょうか。

③年ごろ頼みて、朝な朝な召しつる土大根(つちおほね)らに候ふ。（徒然草）

訳 （私たちは、あなたが）長年信頼して、毎朝召し上がった大根たち（の精）でございます。

大根は万病の薬だと信じて毎日食べていた人がいた。敵に襲われた際、どこからか出てきて敵を追い返してくれた兵二人は、いつも食べていた大根だったという。

かぐや姫のワンポイントアドバイス

他に「お召しになる（＝「着る」の尊敬語）」、「お乗りになる（＝「乗る」の尊敬語）」の意味もあるわ。

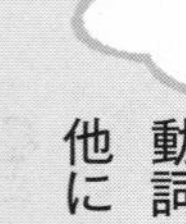

183

めづらし ★★

【珍し】形・シク

訳語

①すばらしい　②珍しい

珍しいぐらいに、すばらしい

動詞「めづ」が形容詞になったものです。
他に「新鮮だ」などの意味もあります。よい意味だけに使われます。

イメージ変換ワード

目、ずらし

学習ポイント

「めでたし（=すばらしい）」も、動詞「めづ」が変化してできた語。

例文

①人ごとに 折り挿頭(かざ)しつつ 遊べども いやめづらしき 梅の花かも　（万葉集）

訳 一人一人が（梅の花を）折って髪にさして遊んでいるが、本当にすばらしい梅の花だなあ。

②あなめでたや。この獅子(しし)の立ちやう、いとめづらし。深き故(ゆゑ)あらん。（徒然草）

訳 ああ、すばらしいことだ。この獅子の立ち方は、大変珍しい。深いわけがあるのだろう。

関 月をめで 花を眺めし 古(いにしへ)の 優しき人は ここにありはら　（徒然草）

訳 月を愛し、花を眺めた昔の優美な人は、ここに（祀(まつ)られている）在原(ありわらの)業平(なりひら)である）。

「あり」は、「在」と「有り」の掛詞。

かぐや姫のワンポイントアドバイス

類義語「めづらかなり（＝珍しい）」は、善悪両方の意味に使われるわ。

関連語

1 めづ【愛づ・賞づ】（動）
→ P.446

184

もてなす

【もて成す】動・サ行四段

訳語

①振る舞う

②取り扱う

対象に働きかける

「持ちて成す」が短くなってできた語です。対象に働きかけて物事をなすことを表します。

イメージ変換ワード

モテ（男）

学習ポイント

自分に働きかける場合は①、他に対象がある場合は②の意味となる。

例文

①下には思ひくだくべかめれど、誇りかにもてなして、つれなきさまにしありく。（源氏物語）

訳 心の中では思い悩んでいるに違いないようだが、（表面は）得意げに振る舞って、平然とした様子で日を過ごしている。

②いづれをもなだらかにもてなして、女の怨（うら）みな負（お）ひそ。（源氏物語）

訳 どなた（＝どの夫人）をも、角の立たないように取り扱って、女性の恨（うら）みを受けてはならない。

帝から光源氏への言葉。

関 わが宿は花もてはやす人もなし何にか春のたづね来つらむ（源氏物語）

訳 私（＝光源氏）の家には花をほめ立てる人もいない。（それなのに）どうして春が訪れて来たのだろうか。

現代語の「もてなす」は、この語の「取り扱う」という意味から来ているわ。

関連語

①**もてはやす【もて映やす】**
（動）１ほめ立てる　２引き立たせる　３大切に扱う

185

副 **やがて** ★★

訳語

①そのまま

②すぐに

時間と状態が、前に続く

前の状態が続いていることを表す「そのまま」が原義です。そこから、時間的に連続する「すぐに」という意味ができました。

イメージ変換ワード

矢が手

学習ポイント

他にも連続性や同一性を表す「まるで」「すなわち」という意味もある。(→参考)

例文

①「やがて泊(と)まりなむものぞ」とおぼして、歌よみ加へて持ちていましたり。（竹取物語）

訳「そのまま（かぐや姫のもとに）必ず泊(と)まることになるだろう」とお思いになって、歌を詠(よ)み添えて持っていらっしゃった。

②あらはるるをもかへりみず、口にまかせて言ひちらすは、やがて浮きたることと聞こゆ。（徒然草）

訳（うそが）ばれるのもかまわず、口から出まかせに言い散らすのは、すぐに根拠のないことだとわかる。

参考 衣河(きぬがは)の尻(しり)、やがて海の如(ごと)し。（今昔物語集）

訳鬼怒川の河口が、まるで海のようだ。
源頼信(よりのぶ)が平忠常(ただつね)を攻めようとするが、川に行く手を阻(はば)まれる場面。

かぐや姫のワンポイントアドバイス

現代語の意味とは違うので、注意しましょう。かなり頻出の単語よ。

関連語

1 すなはち【即ち】（副）
→P.234

やさし ★

【優し】形・シク

訳語

①恥ずかしい

②優美だ

こちらが恥ずかしくなるほど、優美だ

動詞「痩す」が形容詞になった語で、身がやせ細るほどつらいというのが原義です。

イメージ変換ワード

矢、刺し

学習ポイント

鎌倉時代には「けなげだ」「感心だ」という意味でも使われた。（↓参考）

①昨日今日、帝ののたまはむことにつかむ、人聞きやさし。（竹取物語）

訳 昨日や今日、帝がおっしゃること（＝求婚）にもし従いましたら、人聞きが恥ずかしい。

②おそろしき猪のししも、「臥す猪の床」と言へば、やさしくなりぬ。（徒然草）

訳 恐ろしい猪も、「ふす猪の床」と（和歌に）言えば、優美になってしまう。

兼好法師は、どんなものを詠んでも優美になるほど、和歌というものは趣があると述べている。その一方で、古い和歌に比べて最近の和歌には余情がないと嘆いている。

参考 あなやさし。いかなる人にて渡らせ給へば、御方の御勢は皆落ち行き候ふにただ一騎残らせ給ひたるこそ優なれ。（平家物語）

訳 なんとけなげなことよ。どんな人でいらっしゃるのか、味方の勢力は皆逃げて行きますのに、ただ一騎残っていらっしゃるのは立派なことだ。

自分が恥ずかしくなるほど相手が優美だということから「優美だ」という意味もできたのよ。

関連語

類 なまめかし【生めかし・艶めかし】（形）→P.53

やすらふ

【休らふ】動・ハ行四段

読み方は「ヤスロー」、または「ヤスラウ」。動作や考えを、いったん止めている状態を表します。

訳語

動作や考えをストップ

①ためらう

②休む

イメージ変換ワード

安！（安い）

学習ポイント

他に「たたずむ」「滞在する」などの訳語もある。ただし、①の「ためらう」意味が重要。

①やすらはで 寝なましものを 小夜更けて 傾くまでの 月を見しかな

（後拾遺和歌集、百人一首）

訳（あなたが来ないと知っていたら）ためらうことなく寝てしまったのに。夜がふけて（西の空に）傾くまで月をながめていたことですよ。

②しばし他方にやすらひて、参り来む。

（源氏物語）

訳しばらく他の部屋で休んでから、参り来ましょう。

関天性その骨なけれども、道になづまず、みだりにせずして年を送れば、堪能のたしなまざるよりは、終に上手の位にいたり、

（徒然草）

訳生まれつきその才能がなくても、（芸の）道に行き悩まず、自分勝手なことをやらずに年月を過ごせば、（かえって）器用な人で、熱心に稽古しない人よりは、最後には名人の地位に到達し、

『徒然草』百五十段「能をつかんとする人」の一節。芸能を身につけるために大切なことを語っている。

かぐや姫の ワンポイントアドバイス

「やすらふ」の意味は「ためらう」、関連語「ためらふ」の意味は「心を静める」なので、混同しないように。

関連語

類ためらふ【躊躇ふ】（動）
→P.256

対なづむ【泥む】（動）
→P.470

やつす ★★

動・サ行四段

訳語

①目立たなくする

②出家する

目立たぬよう、姿を変える

外見を目立たなくするというのが原義です。地味な姿になることから、「出家する」という意味で使われるようにもなりました。

イメージ変換ワード

奴（やつ）

学習ポイント

①の意味が重要。自動詞の形は「やつる」だが、現代語の「やつれる（＝やせ衰える）」とは意味が異なることに注意。

例文

①御車も、いたくやつし給へり。さきも追はせたまはず。（源氏物語）

訳（光源氏は）お車（＝牛車）も、とても目立たなくしていらっしゃる。先払いの者にも、追い払わせなさらない。

②なほ、やつしにくき御身のありさまどもなり。（源氏物語）

訳それでもやはり、出家することは難しい（お二人の）身の上のご様子である。

関たれとも知らせたまはず、いといたうやつれたまへれど、しるき御さまなれば、（源氏物語）

訳（光源氏は自分を）誰だともお知らせにならず、たいそうひどく目立たない身なりになさっているけれど、（身分が高いことは）はっきりとわかるご様子なので、

かぐや姫のワンポイントアドバイス

貴族が女性に会いに行くとき、人目を避けるために、わざと地味な姿で目立たなくしたのよ。

関連語

1やつる（動）目立たなくなる

類かしらおろす【頭下ろす】（連語）→P.457

189

やむごとなし ★★

【止む事無し】形・ク

訳語

①ほっておけない

②この上ない

③高貴だ

ほっておけないほど、高貴だ

読み方は「ヤンゴトナシ」。止めることができない、捨てておけない、ということが原義で、そこから②や③の意味が生じました。

イメージ変換ワード

(雨が)止むことなし

高貴だ

学習ポイント

「あてなり」の内面的な高貴さに対し、「やむごとなし」は、皇族など最高位の身分の高貴さを表す。

例文

①文（ふみ）もあまたはえ書かず、ただやむごとなき所ひとつにぞ、おとづれ聞こゆる。（十六夜日記）

訳 手紙もたくさんは書くことができず、ただ捨ててはおけない家一軒だけに、お便り申し上げる。

②摂津守（せっつのかみ）も、これらをやむごとなき者にして、後前（あとさき）に立ててぞつかひける。（今昔物語集）

訳 摂津守も、これら（の兵たち）をこの上ない者と考えて、（自分の）前後に立たせて用いた。

③いとやむごとなき際（きは）にはあらぬが、すぐれて時めきたまふありけり。（源氏物語）

訳 それほど高貴な身分ではない方（かた）で、一際（ひときわ）（帝の）ご寵愛（ちょうあい）を受けておられる方がいた。

「やんごとなし」と書くこともあるわ。

関連語

類 あてなり【貴なり】（形動）
→P.74

190

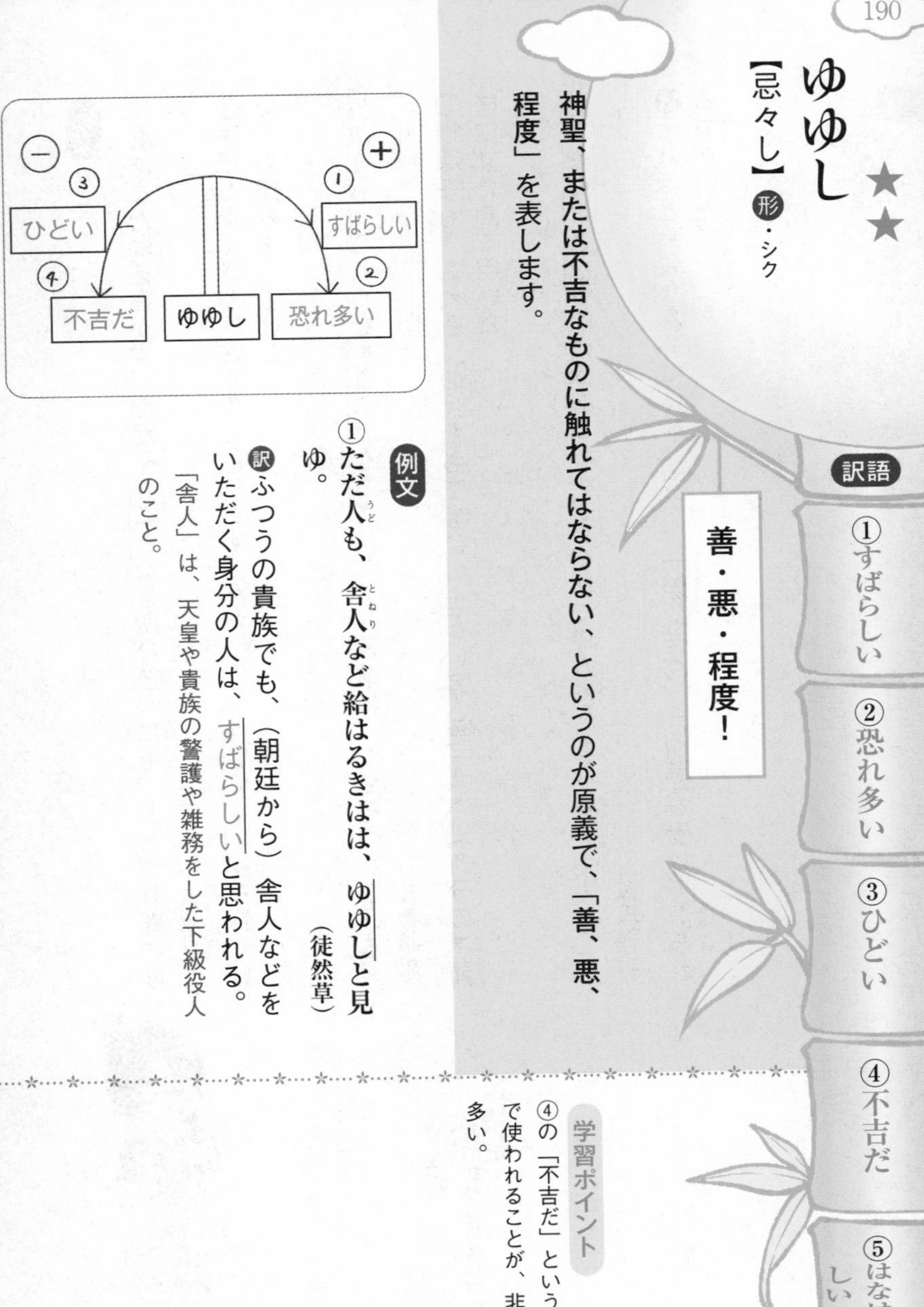

ゆゆし ★★

【忌々し】形・シク

訳語

①すばらしい
②恐れ多い
③ひどい
④不吉だ
⑤はなはだしい

善・悪・程度！

神聖、または不吉なものに触れてはならない、というのが原義で、「善、悪、程度」を表します。

例文

①ただ人(うど)も、舎人(とねり)など給はるきはは、ゆゆしと見ゆ。（徒然草）

訳 ふつうの貴族でも、（朝廷から）舎人などをいただく身分の人は、すばらしいと思われる。

「舎人」は、天皇や貴族の警護や雑務をした下級役人のこと。

学習ポイント

④の「不吉だ」という意味で使われることが、非常に多い。

②かけまくも　ゆゆしきかも　言はまくも　あやに畏(かしこ)き　（万葉集）

訳 心にかけて思うのも恐れ多いことだけれど、言葉で言うのも本当に恐れ多い。

③さまでゆゆしき所へ行くらむとこそ、思はざりつれ。（堤中納言物語）

訳 そんなにもひどい所へ行っているだろうとは思わなかった。

④ゆゆしき身にはべれば、かくておはしますも、いまいましうかたじけなくなむ。（源氏物語）

訳 （私は）不吉な身でございますので、こうして（若宮が私のそばに）いらっしゃるのも、縁起が悪く恐れ多いことでございます。

⑤おのおの拝(おが)みて、ゆゆしく信(しん)おこしたり。（徒然草）

訳 それぞれが参拝して、はなはだしく信仰心をおこした。

かぐや姫のワンポイントアドバイス

「善・悪・程度」を表す点で、「いみじ」と近いけれど、「いみじ」よりも大げさなイメージよ。

関連語

類 いみじ（形）→P.102

類 いまいまし【忌ま忌まし】（形）→P.404

よし【由】名

★★

動詞「寄す」が名詞化してできた語で、寄せて関連づけるものというのが原義です。多義語で、様々な訳語があります。

由緒や理由

訳語

①理由
②由緒
③方法
④風情
⑤〜こと

イメージ変換ワード

よし！

風情
よし！

学習ポイント

⑤は形式名詞となり、話を伝達するときなどに使われる。
形式名詞とは、本来の意味を失い、他の言葉に修飾される名詞。たとえば、「温泉はよいものだ」というときの「もの」が形式名詞。

例文

①心づきなき事あらん折りは、なかなかそのよしをも言ひてん。（徒然草）

訳 気に入らないことがあるような時は、かえってその理由を言ってしまうのがよい。

⑤戌（いぬ）の時に門出す。そのよし、いささかに物に書きつく。（土佐日記）

訳 午後八時ごろに出発する。その（旅の）ことを、少しばかり物（＝紙）に書き記す。

「由緒」と「風情」について言うときは、「よしあり」の形で使うことがとても多いの。

関連語

1 よしなし【由無し】（形）
→P.450

類 ゆゑ【故】（名）1理由 2由緒 3風情

よろこび ★

【喜び・悦び】名

訳語

①任官・昇進

②お祝い

③お礼

任官のお祝い、お礼

動詞「喜ぶ」の連用形が、名詞になった語です。任官によるお祝い、お礼の意味でよく使われます。

イメージ変換ワード

喜び

学習ポイント

現代語と同じ「喜び」という意味もあるが、特に③の「お礼」の意味に注意する。

例文

①頼む人のよろこびのほどを、心もとなく待ち嘆かるるに、（中略）思ひしにはあらず、いと本意なくくちをし。（更級日記）

訳 頼りにしている人（＝夫）の任官の時を、まだかと待ちわびていると、期待した（国）ではなく、とても不本意で残念だ。

②御迎への人々参りて、おこたり給へるよろこび聞こえ、内よりも御とぶらひあり。（源氏物語）

訳 お迎えの人々が参上して、（光源氏の）病気が回復されたお祝いを申し上げ、帝からもお見舞いがある。

③人のよろこびして走らする車の音、ことに聞こえてをかし。（枕草子）

訳（任官した）人々が、お礼（の訪問）をして走らせる牛車の音が、格別に（晴れやかに）聞こえて趣深い。

「よろこびまうし【慶び申し】」と言えば、「お礼を申し上げる」という意味になるわ。

193

らうがはし ★

【乱がはし】形・シク

訳語

①乱雑だ

②やかましい

乱れていて、不愉快だ

読み方は「ロウガワシ」。**乱れて混乱しているというのが原義で、そこから「やかましい」という意**味も生まれました。

イメージ変換ワード

ロウが鷲(わし)

学習ポイント

もともと「乱(みだり)がはし(=乱雑だ)」を音読した「乱(らん)がはし」が変化してできた語である。

例文

①「らうがはしき大路に立ちおはしまして」と、かしこまり申す。（源氏物語）

訳「乱雑な大通りに（光源氏が）立っていらっしゃって」と、恐縮して申し上げる。

②見ることのやうに語りなせば、みな同じく笑ひののしる、いとらうがはし。（徒然草）

訳（教養のない人は、まるで）見ていることのように作って話すので、皆一様に笑いさわぐのが、大変やかましい。

関あやしき家の見所もなき梅の木などには、かしかましきまでぞ鳴く。（枕草子）

訳粗末な家の見どころのない梅の木などでは、（うぐいすは）うるさいほど鳴く。

かぐや姫のワンポイントアドバイス

「がはし」は、現代の人は使わないわよね。「がはし」は、「～のようだ」という意味を加える接尾語で、形容詞を作るの。

関連語

同かまし（形）やかましい
同かしかまし（形）
同かまびすし（形）

れいならず

【例ならず】連語

訳語

①いつもと違う

②体調が悪い

いつもとは違った状態

「例」とは、「いつも」「平常」ということです。その打消なので「いつもとは違う」状態を表します。

イメージ変換ワード

礼、ならず

学習ポイント

名詞「例」＋断定の助動詞「なり」の未然形＋打消の助動詞「ず」が一語になったもの。

①例ならず御格子(みかうし)まゐりて、炭櫃(すびつ)に火おこして、物語などして集まりさぶらふ。（枕草子）

訳いつもと違って格子(こうし)をお下げ申し上げて、火鉢(ひばち)に火をおこして、（私たち女房が）話などをして集まり控えている。

「御格子まゐる」は、「格子をお上げする」または「格子をお下げする」という意味になる。

②親などの心地あしとて、例ならぬけしきなる。（枕草子）

訳親などが気分が悪いと言って、体調が悪い様子であること（は心配で胸がつぶれる）。

関かぐや姫の、例も月をあはれがり給へども、このごろとなりては、ただごとにも侍らざめり。（竹取物語）

訳かぐや姫は、普段も月をしみじみとながめていらっしゃいますが、近ごろにいたっては、ただごとではないようでございます。

病気だけでなく、懐妊(かいにん)が理由で「体調が悪い」ことを表す場合もあるわ。

関連語

1 **れい【例】**（名）1いつも・普通　2先例

2 **れいの【例の】**（連語）→P.451

わざと

【態と】副

自然にそうなるのではなく、意識的に何かを行うことを表します。

意識的に行動する

訳語

①わざわざ

②特別に

③本格的な

イメージ変換ワード

技(わざ)、戸(技のある戸)

学習ポイント

③は「わざとの」+「名詞」で連体修飾語になることが多い。

①わざと消息し、呼びいづべきことにはあらぬや。（枕草子）
訳 わざわざ取り次ぎをたのみ、（清少納言さまを）呼び出すほどのことでもないのにねえ。

②人のもとに、わざときよげに書きてやりつる文の返りごと。（枕草子）
訳 ある人の所に、特別にきちんと書いて届けた手紙の返事。

③わざとの御学問はさるものにて、（中略）うたてぞなりぬべき人の御さまなりける。（源氏物語）
訳 本格的なご学問はもちろんのこと、（才能をすべて挙げると）嫌になってしまう（ほど優れた）光源氏のご様子だった。

関 儀式もわざとならぬさまにて出で給へり。（源氏物語）
訳（葵の上の物見車の）作法も、さりげない様子でお出になられた。

かぐや姫のワンポイントアドバイス

現代語のように、「故意に」という悪い意味で使われることはないから注意してね。

関連語

1 わざとならず【態とならず】（連語）さりげない

わたる ★★

【渡る】動・ラ行四段

訳語

①移動する

②［補助動詞として］一面に〜する

③［補助動詞として］〜し続ける

時間的・空間的に移動する

移動する状態を、全般的に表します。また、補助動詞としての用法もあります。

学習ポイント

補助動詞の用法は頻出。②は空間的な意味で、③は時間的な意味となる。

イメージ変換ワード

渡る

①よしなく御方々にもわたり給はず。（竹取物語）

訳（帝は）つまらなくて、御夫人たちのところにもいらっしゃらない。

②なほ所々はうちこぼれつつ、あはれげに咲きわたれり。（更級日記）

訳それでも所々にはこぼれ落ちながらも、趣深く一面に咲いている。

③年を経てよばひわたりけるを、からうじて盗み出でて、いと暗きに来けり。（伊勢物語）

訳何年も求婚し続けていたが、やっとのことで（女を）盗み出して、とても暗い夜に（逃げて）来た。

関宮に渡したてまつらむとはべるめるを、（源氏物語）

訳（紫の上を父の式部卿宮の）御殿に移し申し上げようということのようでございますが、

かぐや姫のワンポイントアドバイス

「移動する」といっても、「行く」「来る」「通る」など、いろいろな意味を表せるの。文脈によって訳し分ける必要があるわ。

関連語

1 わたす【渡す】（動）移す

197

わづらふ ★★

【煩ふ】動・ハ行四段

訳語

①悩む

②病気になる

精神的、肉体的に苦しむ

精神的に悩み苦しむというのが原義で、後に肉体的な苦しみである病気の意味でも使われるようになりました。

イメージ変換ワード

輪、ヅラ（かつら）

学習ポイント

補助動詞として動詞の連用形につくと、「〜しかねる」という意味になる。（↓参考）

例文

①かにかくに思ひわづらひ音(ね)のみし泣かゆ。（万葉集）

訳 あれこれと思い悩み、ただ声を出して泣けてくるばかりである。

②大殿(おほいどの)には、御物(もの)の怪(け)いたう起こりて、いみじうわづらひ給ふ。（源氏物語）

訳 大臣の館(やかた)では、物の怪がひどく起こって、（葵(あおい)の上が）とても重い病気にかかりなさる。

参考 去年(こぞ)の夏も世におこりて、人びとまじなひわづらひしを、やがてとどむるたぐひ、あまた侍りき。（源氏物語）

訳 去年の夏も世間に（流行病が）おこって、人々が治療しかねたのを、ただちに治した例が、多くございました。

重要なのは①の意味。②は現代でも使われるわね。

関連語

類 なやむ【悩む】（動）
→P.294

対 おこたる【怠る】（動）
→P.122

198

わびし ★★

【侘びし】形・シク

訳語

①寂しい

②つらい

③みすぼらしい

思い通りにならない……

動詞「わぶ」が変化したもので、思い通りにならないことを嘆く気持ちを表します。

イメージ変換ワード

輪、ビシッ！

学習ポイント

マイナスイメージの語。文脈に合った訳語を考える。

①山里は秋こそことにわびしけれ鹿の鳴く音に目をさましつつ（古今和歌集）
訳山里は、秋が特にもの寂しい。鹿の鳴く声に、何度も目をさましながら。

②まだかかるわびしき目、見ず。いかならむとするぞ。（竹取物語）
訳まだこんなつらい目に、遭ったことがない。いったいどうなるのだろうか。

③とかくして、身ひとつばかり、わびしからで過ぐしけり。（宇治拾遺物語）
訳あれやこれやして、わが身だけは、みすぼらしくなく過ごしていた。

関つれづれわぶる人は、いかなる心ならん。（徒然草）
訳退屈なことを心細く思う人は、どんな気持ちなのだろうか。

「寂しい」「みすぼらしい」の意味は、現代でも使われているわね。

関連語

1わぶ【侘ぶ】（動）1心細く思う　2嘆く　3落ちぶれる

わりなし ★★

【理無し】形・ク

訳語

①無理だ

②どうしようもない

③この上ない

道理に合わず、どうしようもない

「理（ことわり）（＝道理）」＋「無し」が変化した語で、道理に合わないことから「無理だ」、さらには「どうしようもない」という意味になります。

イメージ変換ワード

わりばし

学習ポイント

鎌倉時代には、③のよい意味でも使われるようになった。

例文

①様(さま)あしくも及びかからず、わりなく見んとする人もなし。（徒然草）

訳 ぶざまに（前の人に）のしかからず、無理に（祭りの行列を）見ようとする人もいない。

②さすがにうち捨て難(がた)くて、路次(ろし)の煩(わづら)ひとなれるこそわりなけれ。（奥の細道）

訳 （餞別(せんべつ)などは）やはり捨てにくくて、道中の邪魔となったのはどうしようもない。

③夜もすがらたち聞いて候に、優(いう)にわりなき人にておはしけり。（平家物語）

訳 一晩中（詩歌や管弦を）立ち聞きしていましたが、優雅ですばらしい人でいらっしゃった。

参考 わりなくもの疑ひする男に、いみじう想(おも)はれたる女。（枕草子）

訳 （苦しそうなもの。それは、）むやみに物を疑う男に、とても愛されている女。

かぐや姫のワンポイントアドバイス

他に「はなはだしい」と程度を表すこともあるわ。悪い意味なら「むやみに」などと訳せばいいわ。（↓参考）

関連語

1 ことわり【理】（名）→P.422

をかし ★★

形・シク

訳語

①趣がある

②かわいい

③美しい

明るくさっぱり、イイね！

動詞「招く」が形容詞になった語で、招きたいほど好感を持っているというのが原義です。明るくさっぱりとした感動を表します。

イメージ変換ワード

丘

学習ポイント

現代の「滑稽（こっけい）だ」という意味は、鎌倉時代以降にできた。

例文

①ただ一つ二つなど、ほのかにうち光りて行くも**をかし**。（枕草子）

訳 （蛍が）ただ一匹二匹など、かすかに光って（飛んで）行くのも**趣がある**。

②いづ方（かた）へか、まかりぬる。いと**をかしう**、やうやうなりつるものを。（源氏物語）

訳 （雀（すずめ）の子は）どこへ行ってしまったのか。とても**かわいらしく**、だんだんなってきていたのに。

③けづることをうるさがり給へど、**をかし**の御髪（みぐし）や。（源氏物語）

訳 髪をとかすことを嫌がりなさるが、**美しい**御髪ですね。

関 いと小さき塵（ちり）のありけるを目ざとに見つけて、いと**をかしげなる**指（および）にとらへて、大人などに見せたる、いとうつくし。（枕草子）

訳 （幼児が）とても小さい塵があったのを目ざとく見つけて、非常に**かわいらしい感じの**指でつまんで、大人などに見せているのは、たいそうかわいらしい。

かぐや姫のワンポイントアドバイス

『枕草子』は「をかし」（明るい感動）の文学と言われているわ。それに対して、『源氏物語』は「あはれ」（しみじみした感動）の文学と言われているの。読み比べてみてもおもしろいかも。

関連語

1 **をかしげなり**（形動）1趣がありそうだ 2かわいらしい様子だ

類 **あはれなり**（形動）→P.80

類 **おもしろし【面白し】**（形）→P.140

漢字から覚える単語133

◆比較的覚えやすい単語133語を掲載しています。漢字表記とあわせて学ぶことで覚えやすくなります。（一部、漢字表記のない単語も含みます）

◆基本的には五十音順に掲載していますが、グループで覚えると便利な単語はまとめてあります。

1 □□□ あいぎゃう【愛敬】★ 名

現代語「愛嬌(あいきょう)」のイメージに近いです。内面的な魅力と、外面的な魅力を表します。鎌倉時代以降は、現代語のように「あいきゃう」と清音になりました。

① かわいらしさ
② やさしさ

例文

①愛敬なく、人をもて離るる心あるは、いとうちとけがたく、（源氏物語）

訳 かわいげがなく、人を遠ざける心のある人は、とてもうちとけにくく、

2 □□□ あかず【飽かず】★ 連語

「飽く（＝満足する、飽きる）」（→P.68）に、打消の助動詞「ず」がついてできた語です。①は否定的な意味となり、②は肯定的な意味となります。

① 満足しない
② 飽きない

関 あかなくに【飽かなくに】連語
①満足しないのに ②名残(なごり)惜しいのに

例文

①あかず惜(を)しと思はば、千年(ちとせ)を過ぐすとも、一夜(ひとよ)の夢のここちこそせめ。（徒然草）

訳 満足せず、（命を）惜(お)しいと思うならば、たとえ千年を過ごしたとしても、一夜の夢の（ようなはかない）気持ちがするだろう。

3 あきらむ【明らむ】動・マ下二

現代語の「諦める」ではないので注意しましょう。「明らか」や「明るい」の「明」の字と覚えましょう。

① 明らかにする
② 心を晴らす

例文
①ここもとの浅き事は、何事なりともあきらめ申さん。（徒然草）
訳身近なつまらないことは、どんなことであっても、明らかにし申し上げよう。

4 あそばす【遊ばす】敬動・サ四

動詞「す」の尊敬語です。何かをなさるという意味ですが、対象は、詩歌や管弦であることが多いです。鎌倉時代以降は、様々な対象について用いられました。

①（詩歌や管弦を）なさる 尊

例文
①和歌などこそ、いとをかしくあそばししか。（大鏡）
訳和歌などを、とても趣深くお詠みになった。

5 □□□ ★★

あたらし【惜し】形・シク

美しいものや優れたものが失われることを、残念に思う気持ちです。「新しい」としないように。その意味で使われることもたまにありますが、古文では「あらたし【新たし】」と表現するのが普通です。

①惜しい・もったいない

関 あたら【惜】副 惜しいことに
あらたし【新たし】形 新しい

例文

①若くて失せにし、いといとほしくあたらしくなむ。（増鏡）

訳（女流歌人が）若くして亡くなってしまったのは、たいへん気の毒で惜しいことでした。

6 □□□ ★★

あぢきなし【味気無し】形・ク

現代語の「味気ない」に近いです。思うようにならない不快感を表します。恋愛関係に使われることが多いです。

①どうしようもない
②つまらない

例文

②おろかなる人の目を喜ばしむる楽しみ、またあぢきなし。（徒然草）

訳 愚かな人の目を喜ばせる楽しみも、またつまらない。

7 あな 感 ★

感情の高ぶりを表し、喜怒哀楽の様々な場面で使われます。直後に形容詞の語幹がつき、「あなかしこ」「あなかま」などの連語を作ります。

① ああ

関 あなかしこ 連語 ①ああ恐れ多い ②[禁止表現を伴い]決して(~するな)
あなかま 連語 ああやかましい

例文

①かぐや姫は、あなうれしと喜びて居たり。（竹取物語）

訳 かぐや姫は、ああ嬉しいと喜んで座っている。

8 あへず【敢へず】 連語 ★

動詞「敢ふ(=堪える)」に、打消の助動詞「ず」がついたものです。②の補助動詞としての用法が重要です。

① 堪えきれない

② [補助動詞として] ~できない

例文

②念じあへずうち泣くけはひあはれなり。（源氏物語）

訳 我慢できず泣く様子が、しみじみと気の毒である。

9 □□□ ★

あへなし【敢へ無し】形・ク

動詞「敢ふ（＝堪える）」＋「無し」で、堪えられないことから「張り合いがない」と覚えましょう。

①張り合いがない
②どうしようもない

例文
①御使もいとあへなくて、帰り参りぬ。（源氏物語）
訳（帝の）使者もとても張り合いがなくて、（宮中に）帰り参った。

10 □□□ ★★

あまた【数多】副

余った→「たくさん」と覚えてもよいでしょう。
現代語でも「引く手あまた（＝たくさんの人から誘いがあること）」と言いますね。

①たくさん
②非常に

同 ここら・そこら（→P.186）
ここだ・そこばく 副

例文
①人も、あまた率ておはしまさず。（竹取物語）
訳（お供の）人も、たくさん連れていらっしゃらない。

11 □□□ ★ あやなし【文無し】 形・ク

「あや」は、物事の筋道のことです。「文無し」は、筋道が立たない状態を表します。

① 道理が立たない
② ［連用形「あやなく」の形で］わけもなく

例文

①春の夜の闇はあやなし梅の花色こそ見えね香やはかくるる（古今和歌集）

訳春の夜の闇は、道理が立たないものだ。梅の花は、色は見えないが、香りは隠れるだろうか（いや、隠れはしない）。

12 □□□ ★★ あらまほし【有らまほし】 形・シク 連語

もともと、動詞「あり」の未然形「あら」に、願望の助動詞「まほし」がついたものです。一語の形容詞の場合は①で、連語の場合は②となります。

① ［形容詞］理想的だ
② ［連語］あってほしい

例文

①人は、かたち、ありさまの優れたらんこそ、あらまほしかるべけれ。（徒然草）

訳人は、容貌や風采が優れているようなのが、まことに理想的であるだろう。

13 ありがたし【有り難し】形・ク ★★

現代語の「ありがたい」としないよう注意しましょう。動詞「あり【有り】」に「かたし【難し】」がついてできた語です。有ることが難しいということから「めったにない」と訳します。

①めったにない

例文

①ありがたきもの。舅(しうと)にほめらるる婿(むこ)。また、姑(しうとめ)に思はるる嫁の君。(枕草子)

訳めったにないもの。(それは)舅(しゅうと)(＝妻の父)にほめられる婿。また、姑(しゅうとめ)(＝夫の母)に大切に思われる嫁。

14 ありく【歩く】動・カ四 ★★

現代語の「歩く」に近いですが、あちこち移動する意味が含まれます。補助動詞として使われる場合もあります。

①動きまわる

②［補助動詞として］～してまわる

例文

①舟に乗りて海ごとにありき給ふに、(竹取物語)

訳舟に乗って、あちらこちらの海を漕(こ)ぎ回りなさるうちに、

15 ありし【有りし】 連体 ★

ラ変動詞「あり」の連用形に、過去の助動詞「き」の連体形がついてできた語です。遠い過去を表します。「ありつる」と比較しましょう。

①以前の
②生前の

関 ありつる【有りつる】 連体 さっきの

例文
①これをありし住まひにならぶるに、十分が一なり。（方丈記）
訳 これ（＝今の住まい）を以前の住まいと比べると、十分の一（の大きさ）である。

16 ありつる【有りつる】 連体 ★★

ラ変動詞「あり」の連用形に、完了の助動詞「つ」の連体形がついてできた語です。近い過去を表します。「ありし」と比較しましょう。

①さっきの

関 ありし【有りし】 連体 ①以前の ②生前の

例文
①御前に参りて、ありつるやう啓すれば、（枕草子）
訳（中宮さまの）御前に参上して、先ほどの様子を申し上げると、

17 □□□ ★ いかが【如何】 副

「いかにか」が変化して「いかんが」となり、さらに「いかが」となりました。
疑問の場合と反語の場合があり、さらに程度も表します。

① ［疑問・反語］ どうして
② ［疑問］ どのように ③ ［程度］ どんなにか

例文

① 龍(たつ)の首の玉は、いかが取らむ。（竹取物語）

訳 龍の首にある玉は、どうして取れましょう（いや、取れません）。

18 □□□ いかがはせむ【如何はせむ】 連語

疑問と反語がありますが、入試で出題されるのは②の反語の場合が多いので、注意しましょう。

① ［疑問］ どうしようか
② ［反語］ どうしようもない

例文

② 命死なば、いかがはせん、（竹取物語）

訳 死んで命がなくなったら、どうしようもないことだ、

19 いぎたなし【寝汚し】 形・ク ★

「い」は「寝ること」を表します。眠りをむさぼることに、不快感を持つ状態です。「眠る」という動詞は「寝ぬ」です。

① 寝坊である
② ぐっすり寝込んでいる

例文

①夜鳴かぬもいぎたなき心地すれども、今はいかがせむ。（枕草子）

訳（鶯が）夜に鳴かないのも、寝坊な気持ちがするけれど、今さらどうしようもない。

20 いさ 感 副 ★

「いさ」と「いざ」はどちらも「さあ」と訳しますが、意味は異なります。「いさ」は、あいまいに答えたり、否定的な気持ちのときに使われます。

① ［感動詞］さあ ② ［副詞］さあどうだろうか

例文

①「何の名ぞ、落窪は」といへば、女いみじく恥づかしくて、「いさ」といらふ。（落窪物語）

訳「何の名前か、落窪とは」と言うと、女は大変恥ずかしくて「さあ」と答える。

21 いざ 感 ★

人を誘ったり、決意したりするときに使われます。

① さあ

関 いざたまへ【いざ給へ】連語 さあいらっしゃい

例文

①いざ、かぐや姫。きたなき所にいかでか久しくおはせむ。（竹取物語）

訳 さあ、かぐや姫。汚れた所（＝人間の世界）にどうして長い間おいでになられよう。

22 いたし【甚し】形・ク ★★

「いみじ」と同様に、善、悪、程度を表します。
下に打消の語を伴うと、「それほど（～ではない）」となります。

① すばらしい ② ひどい
③ はなはだしい
④［打消を伴い］それほど（～ではない）

関 いみじ 形 （→P.102）

例文

④我がため面目（めんぼく）あるやうに言はれぬる虚言（そらごと）は、人いたくあらがはず。（徒然草）

訳 自分のために名誉になるように言われた嘘は、人はそれほど否定しない。

23 いと □□□ ★★ 副

程度がはなはだしい様子を表します。

「いと〜打消」のときは、部分否定になります。

① 大変・非常に
② [いと〜打消で] あまり (〜ない)・たいして (〜ない)

例文

① 三寸ばかりなる人、いとうつくしうてゐたり。 (竹取物語)

訳 三寸 (＝約九センチメートル) ぐらいの人が、とてもかわいらしい様子で座っていた。

24 いとど □□□ ★★ 副

「いといと」が変化したものですが、「いと」とは意味が異なるので注意しましょう。

以前よりも、より程度がはなはだしくなる様子を表します。

① ますます・いっそう

関 いとどし 形 いっそうはなはだしい

例文

① 散ればこそ いとど桜は めでたけれ (伊勢物語)

訳 散るからこそ、いっそう桜はすばらしい。

25 □□□★ いまいまし【忌忌し】形・シク

現代語の「いまいましい」ではないので注意しましょう。不吉なものを、忌み嫌うことです。②の意味が重要です。

① 忌みつつしむべきだ
② 不吉だ

例文

② かくいまいましき身の添ひ奉らむも、いと人聞き憂かるべし。（源氏物語）

訳 このように（娘に先立たれた）不吉な身の自分が（若君に）付き添い申し上げるのも、とても外聞が悪いにちがいない。

26 □□□★ いまめかし【今めかし】形・シク

「今」に、「めかし（＝～らしい）」という接尾語がついたもの。中世になると「わざとらしい」という否定的な意味にも使われました。

① 現代風だ
② 派手だ

関 いまめく【今めく】動 現代風である

例文

① なかなか長きよりも、こよなう、いまめかしきものかな。（源氏物語）

訳 かえって長いの（＝髪）よりも、この上なく現代風なものだなあ。

27 □□□ ★★

いらふ【答ふ・応ふ】 動・ハ下二

適当に、社交辞令的に返答するときに使われました。まともに返答するときは「こたふ」を用います。

① 答える・返事をする

関 いらへ【答へ・応へ】名 答え・返事

例文

①いまひと声呼ばれていらへんと、念じて寝たるほどに、（宇治拾遺物語）

訳（子どもは）もう一度呼ばれてから返事をしようと、我慢して寝ているうちに、

28 □□□ ★★

うし【憂し】 形・ク

漢字の読み方も出題されるので、覚えておきましょう。文字通り、憂う つな気持ちを表します。「浮き」の掛詞としてよく使われます。

① つらい
② いやだ

同 こころうし【心憂し】形

例文

②古体の親は、宮仕へ人はいとうきことなりと思ひて、過ぐさするを、（更級日記）

訳 昔かたぎの親は、宮仕え人（になるの）は本当にいやなことであると思って、（私をそのまま）過ごさせているが、

29 □□□ うしろめたし【後ろ目痛し】形・ク ★★

現代語の「うしろめたい」の意味では、あまり使われません。後ろの見えない所が不安だ、というのが原義です。

① 不安だ・気がかりだ

対 うしろやすし【後ろ安し】形 安心だ

例文

① 後(のち)の世も、思ふにかなはずぞあらむかしとぞ、うしろめたきに、（更級日記）

訳 死んだ後の世も、きっと思い通りにはならない（＝極楽へ行けない）であろうと不安だが、

30 □□□ うつつ【現】名 ★★

「夢」の対義語です。目が覚めた、意識のはっきりした状態です。現代でも「うつつを抜かす（＝正気が抜けた状態）」などと使われます。

① 現実

② 正気(しょうき)

関 うつしごころ【現し心】名 正気

例文

① 駿河(するが)なる 宇津(うつ)の山辺(やまべ)の うつつにも 夢にも人に あはぬなりけり（伊勢物語）

訳 駿河の国にある、宇津の山の辺りにいるが、現実でも、また夢の中でも、（恋しい）あなたに会わないことであるよ。

31 うとし【疎し】形・ク

□□□ ★

現代語の「うとい」は②の意味です。古文では①のように、人間に対して疎遠（そえん）な状態を表すことが多いので注意しましょう。

①親しくない
②よく知らない

例文

①うとき人の、うちとけたる事など言ひたる、また、よしと思ひつきぬべし。（徒然草）

訳 親しくない人が、うちとけたことなどを言った場合も、また、よいものだと、心引かれるにちがいない。

32 うとまし【疎まし】形・シク

□□□ ★

動詞「うとむ（＝いやだと思う）」が形容詞になったものです。現代語の「うとましい」に意味が近いです。

①いやだ
②気味が悪い

関 うとむ【疎む】動 いやだと思う

例文

②手をたたきたまへば、山びこの答ふる声、いとうとまし。（源氏物語）

訳 手をたたきなさると、山びこが答えて反響する音が、とても気味悪い。

33 うべ・むべ【宜・諾】副 ★

「なるほど」と納得し、肯定する気持ちを表します。形容詞は「うべうべし（＝もっともらしい）」。もともとは「うべ」でしたが、平安時代以降は「むべ」と表記することが多くなりました。

① なるほど

関 うべうべし・むべむべし【宜宜し】形 もっともらしい

例文

①むべ、かぐや姫、好もしがり給ふにこそありけれ。（竹取物語）

訳 なるほど、これこそかぐや姫が欲しがりなさる品であるよ。

34 え（〜ず）副 ★★

後ろに必ず打消が来て、不可能の意味になります。「え〜じ」「え〜まじ」は、「〜できないだろう」と訳します。

① ［打消と呼応して］〜できない

関 えもいはず【えも言はず】連語 普通でない

例文

①かぐや姫を、え戦ひ止めず成りぬること、こまごまと奏（そう）す。（竹取物語）

訳 （頭中将は）かぐや姫を（月の都の人と）戦ってとどめることができなくなったことを、細々と（帝に）申し上げる。

35 おくる【後る・遅る】 ★★

□□□

動・ラ下二

②が重要です。大切な人が亡くなり、自分が死に遅れるということです。他に「劣る」という意味もあります。

①後になる
②先立たれる

例文

②故姫君は、十ばかりにて殿におくれ給ひしほど、いみじうものは思ひ知り給へりしぞかし。（源氏物語）

訳 亡き姫君は、十歳ほどで父君に先立たれなさったころ、とても物事をおわかりになっていらっしゃったよ。

36 おこす【遣す】 ★★

□□□

動・サ四／サ下二

むこうからこちらへ送ってくることです。「起こす」とは別の語なので注意しましょう。②は動詞の連用形につき、複合動詞となります。

①よこす
②こちらへ～する

対 やる【遣る】動（→P.448）

例文

②月の出でたらむ夜は、見おこせ給へ。（竹取物語）

訳 月の出ている夜は、こちら（＝かぐや姫のいる月の都）の方を見てください。

37 □□□ ★★

おとなし【大人し】形・シク

現代語の「おとなしい」意味ではないので注意しましょう。文字通り、大人の状態を表します。

①大人びている
②思慮分別（しりょふんべつ）がある
③おもだっている

関 をさをさし【長長し】形 ①大人びている ②しっかりしている
対 いはけなし【稚けなし】形 （→P.34）

例文
①十一になりたまへど、程（ほど）より大きに大人しう清らにて、（源氏物語）
訳（東宮は）十一歳におなりだが、歳のわりに、大きく大人びていて美しくて、

38 □□□ ★

おはす【御座す】敬動・サ変

「あり、をり、行く、来」の尊敬語です。訳語は「いらっしゃる」で、すべてカバーできます。補助動詞としても使われます。

①いらっしゃる 尊
②［補助動詞として］～ていらっしゃる

同 おはします【御座します】敬動
います【坐す・在す】敬動
ましますす【坐します】敬動
いますがり【在すがり】敬動

例文
①われ朝ごと夕ごとに見る竹の中におはするにて、知りぬ。（竹取物語）
訳わたし（＝翁）が毎朝毎夕見る竹の中にいらっしゃるので、わかった。

39 □□□ おほかた【大方】★★ 副

①の意味に注意しましょう。打消「ず、じ、まじ、で、なし」と呼応し、全部否定となります。
②は、現代語と同じ意味です。

① ［打消を伴って］まったく（～ない）
② だいたい

例文

① しばしかなでて後、抜かんとするに、おほかた抜かれず。（徒然草）

訳 しばらく舞って後、（頭にかぶった足鼎(あしがなえ)を）抜こうとするが、まったく抜くことができない。

40 □□□ おぼす【思す】★ 敬動・サ四
おぼしめす【思し召す】 敬動・サ四

「思ふ」の尊敬語です。
読み方は「オボス」です。「オモス」ではないので注意しましょう。
「おぼしめす」だと、より敬意が高くなります。

① お思いになる 尊

同 おもほす【思ほす】 敬動

例文

① これを聞きて、かぐや姫、すこしあはれとおぼしけり。（竹取物語）

訳 これ（＝石上の中納言の死）を聞いて、かぐや姫は、少し気の毒だとお思いになった。

41 おぼつかなし【覚束無し】 形・ク ★★

「おぼ」は「おぼろ」で、対象がぼやけていて、はっきりしないというのが原義です。そこから「はっきりしない」「不安だ」という意味ができました。

① はっきりしない
② 不安だ ③ 待ち遠しい

同 形 こころもとなし【心許無し】 (→P.192)

例文

② おぼつかなきもの。十二年の山ごもりの法師の女親(めおや)。(枕草子)

訳 気がかりなもの。(それは)十二年間の山ごもりをしている僧の母親(の気持ち)。

42 おほとのごもる【大殿籠る】 敬動・ラ四 ★

「寝(ぬ)」「寝ぬ(いぬ)」の尊敬語です。大殿とは寝殿のことで、そこに籠(こも)って休むという意味です。天皇や皇族など、最高位の人のみに使われます。

① お休みになる 尊

例文

① 命婦(みやうぶ)は、まだ大殿籠らせ給はざりけると、あはれに見奉る。(源氏物語)

訳 命婦(みょうぶ)は、(帝は)まだお休みになっておられなかったのだなあと、気の毒に拝見する。

43 □□□ おほやけ【公】 名 ★

もともとは「大宅」と書き、大きな家を意味しましたが、そこから朝廷や天皇を表すようになりました。

① 天皇 ② 朝廷
③ 公的なこと

関 うち【内・内裏】 名 ①天皇 ②宮中
うへ【上】 名 ①天皇 ②宮中

例文
②おほやけに申して、からうじて買ひ取りて奉る。（竹取物語）
訳 朝廷に申し上げて、（火鼠（ひねずみ）の皮衣（かわごろも）を）やっとのことで買い取って、差し上げます。

44 □□□ おぼゆ【思ゆ・覚ゆ】 動・ヤ下二 ★

「思ふ」の未然形に、奈良時代の自発の助動詞「ゆ」がつき、「おもはゆ」→「おもほゆ」→「おぼゆ」と変化しました。

③の意味に注意しましょう。

① 思われる ② 思い出される ③ 似る

例文
③尼君の見上げたるに、少しおぼえたるところあれば、子なめりと見たまふ。（源氏物語）
訳 尼君が見上げている顔に、少し似ているところがあるので、（尼君の）子であるようだと（光源氏が）ご覧になる。

45 □□□ かぎり【限り】 名 ★

多くの意味があるので、文脈によって訳語を考えましょう。他に「極致(きょくち)」「〜の間」「〜だけ」などの意味もあります。

①限度 ②最後・臨終 ③すべて

関 かぎりなし【限りなし】 形 この上ない

例文

③罪の限り果てぬればかく迎(むか)ふるを、翁(おきな)は泣き嘆く。（竹取物語）

訳（かぐや姫の）罪のすべてが終わったのでこうして（月から）迎えるのに、翁は泣き嘆く。

46 □□□ かこつ【託つ】 動・タ四 ★★

現代語の「かこつける」は、①と同じです。他のせいにすることから、「不平を言う・嘆く」という意味も出てきました。

①他のせいにする
②不平を言う・嘆く

関 かごと【託言】 名 ①言い訳 ②不平

例文

②たちまちに三途(さんづ)の闇(やみ)に向かはむとす。何のわざをか、かこたむとする。（方丈記）

訳 今にもあの世に向かおうとしている。（今さら）何事を嘆こうとするのか。

47 □□□ かしづく【傅く】★★ 動・カ四

頭を地に付けるぐらい、相手を敬う気持ちで世話をするというのが原義です。

古文では年少者の面倒を見ることで、年長者に対しては使われません。

①大切に育てる ②大切に世話をする

例文

①心にくくなべてならぬさまに、親たちかしづき給ふことかぎりなし。（堤中納言物語）

訳（虫をかわいがる姫君は）奥ゆかしく並々でない様子で、両親が大切に育てなさることは、この上ない。

48 □□□ かたくななり【頑ななり】★ 形動・ナリ

「かた」は、「偏」が語源です。考えが偏っていて他を理解しようとせず、無教養で無風流な様子を表します。

①頑固だ ②教養がない ③見苦しい

例文

②かたくななる人の、その道知らぬは、そぞろに神のごとくに言へども、（徒然草）

訳教養がない人で、その道を知らない人は、むやみに神のように言うけれども、

49 きは【際】 名 ★

もともとは、端や限界を表します。多義語なので、文脈の中で意味を考えましょう。「身分」という意味が重要です。

①端・限度 ②時・場合 ③身分 ④程度

例文

③物にも乗らぬきはは、大路をよろぼひゆきて、（徒然草）

訳 乗り物にも乗らない身分（の者）は、大通りをよろよろ歩いて行って、

50 きよらなり【清らなり】 形動・ナリ ★

清らかで、さっぱりとした美しさを表します。「けうらなり（読み方：キョウラナリ）」も同じです。

①美しい

同 きよげなり【清げなり】 形動

例文

①かぐや姫の家に入りたまうて見たまふに、光みちて清らにてゐたる人あり。（竹取物語）

訳 （帝が）かぐや姫の家にお入りになってご覧になると、（あたり一面に）光が満ちて美しい姿で座っている人がいる。

51 けしき【気色】 名 ★★

「景色」ではないので、注意しましょう。外側に表れた、人や自然の様子を表します。ほかに「そぶり」「表情」などの意味もありますが、「様子」を中心に適訳を考えましょう。

①様子 ②機嫌 ③意向

関 けしきばむ【気色ばむ】動 様子が外に表れる

例文

①「けふ、風、雲のけしきはなはだ悪し」と言ひて、船出さずなりぬ。（土佐日記）

訳（船頭が）「今日は、風や雲の様子が、非常に悪い」と言って、船出しなくなった。

52 げに【実に】 副 ★★

直前の内容を受けて、納得したり同意したりするときに使われます。

①なるほど・本当に

例文

①げに、ただ人にはあらざりけりと思して、（竹取物語）

訳 本当に、普通の人ではないのだなあと（帝は）お思いになって、

53 ☐☐☐ ★ こころざし【志】名

現代語と同じ「意志」という意味もありますが、問題にはなりません。心を寄せる愛情、また、好意や感謝からくる贈り物の意味を覚えましょう。

① 愛情
② 贈り物

例文

② いとはつらく見ゆれど、志はせむとす。（土佐日記）

訳（隣人は）とても薄情に思われるが、（お礼の）贈り物はしようと思う。

54 ☐☐☐ ★★ こころづきなし【心付き無し】形・ク

対象となる人や物事に、自分の心がぴったり合わない不快感を表します。

① 気にくわない・不愉快だ

例文

① いみじう心づきなきもの。（中略）ものへ行き、寺へもまうづる日の雨。（枕草子）

訳 たいそう気にくわないもの。（それは、）どこかへ行ったり、お寺に参詣したりする日の雨。

55 こころなし【心無し】 形・ク

「心」とは、人情・思慮・風流心のことで、それらが無い状態を表します。③の意味が重要です。「こころあり」と対にして覚えましょう。

①思いやりがない
②思慮がない
③風流心がない

対 こころあり【心有り】 連語
①思いやりがある ②分別がある ③風流心がある

例文
③心なしと見ゆる者も、よき一言いふものなり。（徒然草）

訳 情趣がないと思われる者も、（たまには何か）よい一言を言うものである。

56 こころばへ【心延へ】 名

心が延びていく、というのが原義です。人の心や自然について用いられます。類義語の「こころばせ」は、人の心についてのみ用いられます。

①心の様子
②心づかい ③趣

関 こころばせ【心馳せ】 名
①心の様子 ②心づかい

例文
①心ばへなどあてやかにうつくしかりつることを見慣らひて、（竹取物語）

訳 （使用人たちも、かぐや姫の）気立てなどが、上品で可愛かったことを見慣れていて、

57 こころやる【心遣る】 動・ラ四 ★

悩む心を遠くへやる、というのが原義です。
「こころをやる」の形で出てくることもあります。

① 気を晴らす・心を慰める

例文
① 夜光る 玉といふとも 酒飲みて 心をやるに あにしかめやも （万葉集）
訳 夜光の玉といっても、酒を飲んで気を晴らすことに、どうしてまさろうか、いや、まさりはしない。

58 こころゆく【心行く】 動・カ四 ★

嫌な心が遠くへ行く、というのが原義です。
現代でも「心ゆくまで楽しむ」などと使われています。

① 満足する・気が晴れる

例文
① かぐや姫の心ゆき果てて、ありつる歌の返し、 （竹取物語）
訳 かぐや姫の心は、すっかり満足して、先ほどの（庫持皇子の）歌の返歌として、

59 ことごとし【事事し】 形・シク ★★

「ことごと」と事柄が重なることで、大げさな様子を表します。非難の気持ちで使われます。「ことことし」も同じです。

① 大げさだ

例文

①犬のことごとしくとがむれば、下衆(げす)女の出(い)でて、（徒然草）

訳 犬が大げさに吠(ほ)え立てるので、召使いの女が出てきて、

60 ことなり【異なり・殊なり】 形動・ナリ ★

漢字も出題されることがあります。「異なり」と解釈する場合は「異なっている」、「殊なり」と解釈する場合は「格別だ」と訳します。

① [異なり] 異なっている
② [殊なり] 格別だ

例文

①「衣着せつる人は、心異(こと)になるなりといふ。もの一こと言ひおくべきことありけり」（竹取物語）

訳（かぐや姫）「(天人が) 羽衣(はごろも)を着せた人は、心が異なってしまうのだと言います。何か一言、言い残すべきことがありました」

61 □□□ ことわり【理】 ★★ 名

道理の理、理由の理、と覚えましょう。
現代語の「断り」ではないので注意しましょう。

① 道理
② 理由

関 ことわりなり【理なり】 形動
当然だ・もっともだ

例文

① 沙羅双樹(しゃらさうじゅ)の花の色、盛者必衰(じゃうしゃひっすい)のことわりをあらはす。（平家物語）

訳 沙羅双樹(さらそうじゅ)の花の色は、勢いが盛んな者もいつか必ず衰えるという道理を表している。

62 □□□ ことわる【理る】 ★★ 動・ラ四

もとは「事、割る」で、物事の善悪を判断するというのが原義です。
「断る」ではないので注意しましょう。

① 説明する
② 判断する

例文

① 「にぎはひ豊かなれば、人には頼まるるぞかし」と、ことわられ侍りしこそ、（徒然草）

訳 「（東国の人は）富み栄えて裕福であるので、人からは頼りにされるのだよ」と説明なさいましたのは、（素晴らしかった）。

63 ごらんず【御覧ず】 敬動・サ変

□□□★

「見る」の尊敬語です。
天皇や皇族など、最高位の人に使われることが多いです。

① 御覧になる 尊

例文

①面（おもて）をふたぎて候へど、はじめて御覧じつれば、類（たぐひ）なくめでたく覚えさせ給ひて、（竹取物語）

訳（姫は）顔を覆（おお）っておそばに控えるが、（帝は）最初に御覧になっていたので、比類なく美しくお思いになって、

64 さ【然】副・しか【然】副

□□□★

前の内容を受ける指示副詞です。
具体的な内容をしっかりつかみましょう。
「しか」は、漢文訓読体で使われることが多いです。

① そう・そのように

関 かく【斯く】副 こう・このように

例文

①まことにさにこそ候ひけれ。もっとも愚かに候ふ。（徒然草）

訳 まことに、そうでございました。この上なく愚かでございます。

65 ざえ【才】★★ 名

先天的な才能ではなく、習得して身に付けた才能を意味します。平安時代に学問と言えば、漢学を指すことが多いです。

①学問・漢学（の才能）
②芸術（の才能）

例文

①なほ、才をもととしてこそ、大和魂の世に用ゐらるる方も強うはべらめ。（源氏物語）

訳 やはり、学問を基本としてこそ、実務的な才能が世間に重んじられることも強くございましょう。

66 さかし【賢し】★★ 形・シク

才気や理性があり、しっかりしている状態のことです。プラスの意味なら①と②、マイナスの意味なら③となります。

①賢い ②しっかりしている
③利口ぶっている

関 さかしら【賢しら】名 利口ぶること

例文

③さかしきもの。今様の三歳児。下衆の家の女主人。（枕草子）

訳 こざかしいもの。（それは）今どきの三歳ほどの子ども。身分の低い家の女主人。

67 □□□ ★

さて【然て】 副 接

文中にあるときは、①の副詞です。「さ」の具体的な指示内容を考えましょう。文頭にあるときは②の接続詞となることが多く、段落が変わります。

① [副詞] そういう状態で
② [接続詞] そして・ところで

例文
①そこらの燕(つばめ)、子産まざらむやは。さてこそ取らしめ給はめ。(竹取物語)
訳 多くの燕が子を産まないことがありましょうか(いや、必ず産むはずです)。そうしてこそ(子安貝を)取らせなさるのがよいでしょう。

68 □□□ ★★

さはる【障る】 動・ラ四

「触る」の意味もありますが、問題としては出題されません。「差し障る」ほうの①を覚えましょう。名詞形は「さはり」です。

① 差し支える・邪魔される

関 さはり【障り】 名 差し支え

例文
①霜月(しもつき)、しはすの降り凍(こほ)り、みな月の照りはたたくにも、さはらず来たり。(竹取物語)
訳 (五人の貴公子たちは)陰暦十一月、十二月に雪が降り氷が張り、六月に日照りや雷が鳴るときにも、妨げられずやって来た。

69 さらなり【更なり】 ★★ 形動・ナリ

もともと「言へばさらなり」「言ふもさらなり」が省略されたもので、今さら言うまでもないということです。

① 言うまでもない・もちろんだ

例文

①夏は夜。月のころはさらなり、闇(やみ)もなほ、蛍(ほたる)の多く飛び違ひたる。（枕草子）

訳 夏は夜（がよい）。月の出ているころは言うまでもないし、（月のない）闇夜でもやはり、蛍が多く飛び交っている（のはよい）。

70 かけて【掛けて】（も）～打消 副

打消と呼応して、①の意味になります。

打消がないときは、連語として「～を兼ねて」という意味になります。

① まったく（～ない）

例文

①かけてこそ 思はざりしか この世にて しばしも君に 別るべしとは（更級日記）

訳 まったく思わなかったよ、この世でしばらくの間でも君と別れるであろうとは。

71 さらに【更に】～打消 副 ★★

打消と呼応して、①の意味になります。

肯定文では現代語と同じ②の意味ですが、①の意味が重要です。

① まったく（～ない）［打消がないとき］
② その上

例文

① 「かしこしとも思はず」と言ひて、さらに見ゆべくもあらず。（竹取物語）

訳 「（帝が）恐れ多いとも思いません」と言って、（姫は）まったく会おうともしない。

72 つやつや ～打消 副

打消と呼応して、①の意味になります。打消がないときは「完全に」「つくづく」などと訳します。

① まったく（～ない）

例文

① 木の葉をかきのけたれど、つやつや物も見えず。（徒然草）

訳 木の葉をかきのけたが、まったく何も見えない。

73 つゆ【露】 ～打消 副

★★

打消と呼応して、①の意味になります。
もともとは名詞「露（＝わずかなもの）」が副詞になったものです。

①まったく（～ない）

例文

①年月経ても、つゆ忘るるにはあらねど、去る者は日々に疎しといへることなれば、（徒然草）

訳 年月がたっても、少しも忘れるわけではないが、「死んだ者は日に日に疎遠になる」と（古語にも）言っていることなので、

74 たえて【絶えて】 ～打消 副

打消と呼応して、①の意味になります。
肯定文では②の意味になりますが、「ひどく」と否定的な意味を表すこともあります。

①まったく（～ない）
②すっかり・残らず

例文

①世の中に たえて桜の なかりせば 春の心は のどけからまし （古今和歌集、伊勢物語）

訳 世の中に、もしもまったく桜がなかったならば、春の（人の）心はのどかであるだろうに。

75 よに【世に】～打消 副

打消と呼応して、①の意味になります。

肯定文では②の意味になりますが、名詞「世」＋助詞「に」の「世に（＝世の中に）」と区別するよう注意しましょう。

① 決して（～ない）
② 実に

例文

①夜をこめて 鳥の空音は はかるとも よに逢坂の 関はゆるさじ （後拾遺和歌集）

訳 夜が明けないうちに、鶏の鳴きまねをしてだまそうとしても、逢坂の関は（二人が逢うことなど）決して許さないでしょう。
逢坂の「逢」と「逢ふ」を掛けている。

76 ゆめ【努・勤】～禁止 副

禁止の語と呼応して、①の意味となります。
打消と呼応して「まったく～ない」という意味になることもあります。

① 決して（～するな）

例文

①「ゆめこの雪落とすな」と、使ひに言ひてなむ、奉りける。 （大和物語）

訳 「決してこの雪を落とすな」と、使いの者に言って、（宮に松の枝を）差し上げたのだった。

77 ゆめゆめ【努努】～禁止 副 ★

禁止の語と呼応して、①の意味となります。「ゆめ」を重ねて強めたもので、意味は同じです。

① 決して（～するな）

①この山に、我ありといふことを、ゆめゆめ人に語るべからず。（宇治拾遺物語）

訳 この山に、私がいるということを、決して人に語ってはいけない。

78 な（～そ） 副 ★★

禁止表現の中で、最も重要です。副詞「な」が禁止の終助詞「そ」と呼応して、やわらかい禁止を表します。女性がよく使っていた言葉です。「な～そ」の間には動詞の連用形が入りますが、カ変とサ変の場合は未然形「こ」「せ」が入ります。

① ～しないでほしい

例文

①かぐや姫いはく、「声高（こわだか）になのたまひそ。屋（や）の上にをる人どもの聞くに、いとまさなし」。（竹取物語）

訳 かぐや姫が（翁に）言うには、「（そんな）大声でおっしゃいますな。屋根の上にいる人たちが聞くので、大変みっともない」。

79 □□□★
さり【然り】動・ラ変
しかり【然り】動・ラ変

①そうである

関 かかり【斯かり】動 こうである

「さ」＋「あり」→「さり」

「しか」＋「あり」→「しかり」

と変化したもので、ともにラ行変格活用になります。

関連語の「かかり」は、「かく」＋「あり」が変化したものです。

[さり]
①「あはれ、さるめり」と思ひながら、「なほ誤りもこそあれ」とあやしむ人あり。（徒然草）
訳「ああ、そう（＝嘘）であるようだ」と思いながら、「それでもやはり（自分のほうに）間違いがあるといけない」と疑う人もいる。

[しかり]
①また、しからむほどに、おのづから事に遭ひなば、きはめて益なし。（今昔物語）
訳また、そう（＝船旅を）しているうちに、万が一、一大事に遭ってしまったなら、とても困ることだ。

80 □□□★ しる【知る・領る】動・ラ四

① 知る
② 治める・領有する 関 敬動 しろしめす【知ろし召す・領ろし召す】（→P.224）

②の意味が重要です。現代語と同じ「知る」が原義ですが、そこから対象を支配するという意味が出てきました。「世話をする」という意味もあります。尊敬語は「しろしめす」です。

例文
②昔、男、初冠して、奈良の京、春日の里にしるよしして、狩りに住にけり。（伊勢物語）
訳 昔、ある男が元服して、奈良の都の春日の里に（土地を）領有している縁で、鷹狩りに行った。

81 □□□★★ しるし【著し】形・ク

① はっきりしている
② 「～もしるく」の形で」～の通りに

現代語の「著しい」と同じ意味です。「いと」＋「しるし」が、やがて現代語の「著しい」になりました。名詞「しるし【験・徴】」と混同しないよう注意しましょう。

例文
②のたまひしもしるく、十六夜の月をかしきほどにおはしたり。（源氏物語）
訳（源氏は）おっしゃった通りに、十六夜の月が趣のある時分にいらっしゃった。

82 しるし【験・徴】名 ★★

病人への加持祈祷（かじきとう）や、薬などの効果を表します。また、神仏のご利益（りやく）も表します。①と②の意味が重要です。「印」と書けば、「目印」の意味になります。

①きざし ②ご利益（りやく） ③前兆

例文

①人のものともせぬ所にまどひありけども、何のしるしあるべくも見えず。（竹取物語）

訳（世の男たちは）人が考えもしない場所をさまよい歩くが、何のききめがありそうにも思われない。

83 すきずきし【好き好きし】形・シク ★★

動詞「好く」が名詞「好き」になり、それが重なって形容詞化したものです。①の意味が重要です。恋愛の場面では、②の意味になります。

①風流だ ②色好みだ

関 すきもの【好き者】名 ①風流な人 ②好色な人

例文

①思ふことの少しもなのめなる身ならましかば、すきずきしくももてなしわかやぎて、常なき世をすぐしてまし、（紫式部日記）

訳考えることが、多少でも世間並みの身であったら、風流に振る舞い、若々しくして、はかない世の中を過ごしてしまうだろうに、

84 ずちなし【術無し】形・ク

「術無し」と書き、「すべなし」とも読みます。「術（ずち・すべ）」は、方法・手段という意味です。現代でも「なす術がない」などと言いますね。

① どうしようもない

同 せむかたなし【為む方無し】形

例文

①「妹のあり所申せ、申せ」と責めらるるに、ずちなし。さらにえ隠し申すまじ。（枕草子）

訳「妹（＝清少納言）の居所を申せ、申せ」と（藤原斉信に）責められるので、どうしようもない。まったくお隠し申し上げることはできそうにない。

85 たがふ【違ふ】動・ハ四

動詞「交ふ」に、接頭語「た」がついてできた語です。「くい違う」というのが原義です。現代でも「予想に違わず」などと使われます。

① 違う
② そむく

例文

② 名聞ぐるしく、仏の御教へにたがふらむとぞおぼゆる。（徒然草）

訳 名声が高いのは（僧侶としては）心苦しく、仏の御教えにそむいているだろうと思われる。

86 たのむ【頼む】★★ 動・マ四／マ下二

現代語の「頼む」とは少し意味が違います。
①は四段活用で、②は下二段活用です。活用によって立場が逆になるので、注意しましょう。

① [四段活用] 頼りにする・あてにする
② [下二段活用] 頼りにさせる・あてにさせる

例文
②我を頼めて来ぬ男、角三つ生ひたる鬼になれ。（梁塵秘抄）
訳（通って来てくれると）私をあてにさせておいて来ない男よ、角が三本生えた鬼になってしまえ。

87 つきづきし【付き付きし】★★ 形・シク

「付き」が重なるので、二つのものがぴったり調和している状態を表します。
「似つかわしい」とは、似合っていて釣り合いがとれていることです。

①似つかわしい・ふさわしい

対 つきなし【付き無し】形
似つかわしくない・ふさわしくない
こころづきなし【心付き無し】形
（→P.418）

例文
①いと寒きに、火など急ぎおこして炭もてわたるも、いとつきづきし。（枕草子）
訳とても寒い（朝）に、火などを急いでおこして、炭火を持って通っていくのも、（冬の朝に）とても似つかわしい。

88 とし【疾し】形・ク ★

①は時期的な早さで、②は速度を表します。連用形「とく」の形で、よく出てきます。これを副詞とする場合もあります。

①早い
②速い

例文

①集まりてとく下ろさむとて、綱を引きすぐして、綱絶ゆるすなはちに、（竹取物語）

訳（家来たちが）集まって、早く（中納言を）下ろそうとして、綱を引っ張りすぎて、綱が切れるのと同時に、

89 としごろ【年頃・年比・年来】名 ★★

漢字も出題されるので、覚えましょう。

現代語とは意味が異なります。「年頃の娘」などの使い方は、かなり時代が下ってからです。

①数年来
②長年

関 ひごろ【日頃】名 数日来
つきごろ【月頃】名 数ヶ月来

例文

②使はるる人々も、年ごろならひて、たち別れなむことを、（竹取物語）

訳召し使われている人々も、長年慣れ親しんで、（かぐや姫と）別れてしまうことを（悲しみ）、

90 とぶらふ【訪ふ・弔ふ】 動・ハ四

★

①の「訪れる」が原義です。そこから、②「見舞う」や③「死をいたむ」の意味ができました。③の意味は、現代語の「弔う」の語源となっています。

① [訪ふ] 訪れる ② [訪ふ] 見舞う
③ [弔ふ] 死をいたむ

例文
②国の司まうでとぶらふにも、え起き上がり給はで、舟底に伏し給へり。（竹取物語）

訳 国司が参上して見舞っても、（大納言は）起き上がることもおできにならずに、舟底に寝ていらっしゃる。

91 なかなか【中中】 副

★★

現代語とは意味が異なり、中途半端な状態を表します。中途半端ならかえってしない方がよいということで、②の意味が出てきました。②の意味をしっかり覚えましょう。

① 中途半端に
② かえって

関 なかなかなり【中中なり】 形動
①中途半端だ ②かえってしない方がよい

例文
②内裏は山の中なれば、（中略）なかなか様かはりて、優なるかたもはべり。（方丈記）

訳 御所は山の中にあるので、かえって風変わりで、優美なところもございます。

92 なさけ【情け】名 ★

「人情」と「愛情」の意味では、現代でも使われています。重要なのは③の意味です。①と②が人間に対する思いやりなのに対し、③は自然に対する情緒を表します。

①人情 ②愛情 ③風流心

関 なさけなし【情け無し】形 ①薄情だ ②風流心がない

例文

③なさけある人にて、瓶(かめ)に花をさせり。その花の中に、あやしき藤の花ありけり。（伊勢物語）

訳（在原行平(ありわらのゆきひら)は）風流心のある人であって、花瓶に花をさしていた。その花の中に、不思議な（くらいすばらしい）藤の花があった。

93 なでふ【何でふ】連体 副 ★★

読み方は「ナジョウ」。原義は①で、「なにといふ」→「なにてふ」→「なんでふ」→「なでふ」と変化しました。②は、疑問と反語があります。「なんでふ」（読み方：ナンジョウ）の形でも意味は同じです。

①［連体詞］何という
②［副詞］［疑問・反語］どうして

例文

②かぐや姫「なでふものをか嘆きはべるべき」と言ふ。（竹取物語）

訳かぐや姫は「どうして何かを嘆くことがありましょうか（嘆くことなどありません）」と言う。

94
□□□ ★
など【何ど】 副

「何」＋「と」が変化してできた語です。
疑問と反語の意味があるので、文脈から判断しましょう。

①［疑問・反語］どうして

同 などか【何どか】副

①など、かく頼もしげなく申すぞ。（竹取物語）

訳 どうして、（船頭が）このように頼りなく申すのか。

95
□□□ ★
なにおふ【名に負ふ】 連語

原義は①で、「名前を背負っている」ということです。②の意味も重要です。強意の副助詞「し」が入った「なにしおふ」の形でも出てきます。

①名を持っている
②有名である

②ここぞ名に負ふ隅田川、（謡・隅田川）

訳 これこそ、かの有名な隅田川だ、

96 なほ【猶・尚・直】副 ★★

現代語の「なお」と同じ意味ですが、どの意味で使われているのか、きちんと訳し分けましょう。②は、欠点はあるが、それでも肯定する気持ちを表します。

① 依然として ② それでもやはり ③ さらに

例文

②なほ、この女見では、世にあるまじき心地のしければ、（竹取物語）

訳 それでもやはり、（石作りの皇子（みこ）は）この女（＝かぐや姫）と結婚しないでは、この世に生きておられそうにない気持ちがしたので、

97 なめし 形・ク ★★

「なめ」は、滑（なめ）らかの「滑」とする説があります。馴（な）れ馴（な）れしくて無礼な相手を非難する気持ちを表します。

現代語の「なめる」で覚えましょう。

① 無礼だ・無作法だ

例文

①ほととぎすをいとなめう歌ふ、聞くにぞ心憂き。（枕草子）

訳 ほととぎすをとても無礼に歌う、（それを）聞くと、すっかり嫌になる。

「なめう」は、連用形「なめく」がウ音便化したもの。

98 はた【将】副 ★

現代語の「はたまた」と同じです。①の意味で使われることが多いですが、「あるいは」「それでもやはり」という意味もあります。

① また・その上

例文

①日入(ひい)りはてて、風の音、虫の音(ね)など、はたいふべきにあらず。（枕草子）

訳（夕）日がすっかり暮れて、風の音や虫の鳴き声などは、また言うまでもない（ぐらい趣がある）。

99 はづかし【恥づかし】形・シク ★★

①の意味もありますが、現代語と違う②の意味が重要です。こちらが恥ずかしくなるほど、相手が立派だという意味です。

① 恥ずかしい
② 立派だ

例文

②はづかしき人の、歌の本末(もとすゑ)問ひたるに、ふとおぼえたる、われながらうれし。（枕草子）

訳立派な人が、歌の上(かみ)の句や下(しも)の句を（私に）たずねた時に、とっさに思い出したのは、我ながらうれしい。

100 ひねもす【終日】 副

□□□★

「ひ」は「日」のことです。二十四時間ではなく、夜が明けてから日が暮れるまでを指します。

① 一日中

同 ひひとひ【日一日】 名

関 よもすがら【夜もすがら】 副 一晩中

よひとよ【夜一夜】 名 一晩中

例文

①雪こぼすがごと降りて、ひねもすにやまず。（伊勢物語）

訳雪が（器から）こぼすように降って、一日中やまない。

101 まうづ【詣づ】 敬動・ダ下二

□□□★

①の意味を、よく覚えておきましょう。「行く」「来」の謙譲語で、高貴な場所へ参上するという意味です。

① 参上する 謙

② （神社・仏閣に）お参りする 謙

例文

①この月の十五日に、かのもとの国より、迎へに人々まうで来むず。（竹取物語）

訳今月の十五日に、あのもとの国（＝月の世界）から、（私を）迎えに人々が参上するでしょう。

102

□□□★★

まさなし【正無し】形・ク

「正無し」という漢字から、「よくない」という訳語は覚えやすいでしょう。文脈によって「みっともない」「不都合だ」「ひきょうだ」などと訳し分けます。

① よくない
② みっともない

例文

② まさなうも、敵（かたき）に後ろを見せさせ給ふものかな。（平家物語）

訳 見苦しくも、敵に背をお見せになる（＝お逃げになる）ことだなあ。

103

□□□★★

まだし【未だし】形・シク

「いまだし」の「い」が取れてできた語です。能力的な意味では「未熟だ」、時期的な意味では「まだ早い」という意味になります。

① 未熟だ
② まだ早い

同 いまだし【未だし】形
関 まだき【未だき】副（→P.58）

例文

① 宮内（くない）はまだしかるべけれども、けしうはあらずと見ゆめればなむ。（増鏡）

訳 宮内卿（くないきょう）は（若くて）未熟であろうが、悪くはないと思われるので（歌合わせに参加させよう）。

104

□□□

まねぶ【真似ぶ・学ぶ】★ 動・バ四

「学ぶ」の語源は「真似ぶ」だという説があります。学ぶことは、まさに真似をすることから始まるということです。

②は、見聞きしたことを、そのまま人に語ることです。

①真似をする　②そのまま人に伝える
③学ぶ

例文

①鸚鵡（あうむ）、いとあはれなり。人の言ふらむことをまねぶらむよ。（枕草子）

訳 オウムは、とてもしみじみとした趣がある。人が言うような言葉を、まねるそうだよ。

105

□□□

みゆ【見ゆ】★★ 動・ヤ下二

動詞「見る」の未然形に、自発・受身の助動詞「ゆ」がついてできた語です。③の意味のように、使役的に訳す場合もあり、男女関係で使われる場合は④の意味となる多義語です。

①見える　②見られる
③見せる　④結婚する

関

みる【見る】動（→P.344）

みす【見す】動

①見せる　②結婚させる

例文

③おはしぬと人には見えたまひて、三日ばかりありて漕（こ）ぎ帰りたまひぬ。（竹取物語）

訳（庫持（くらもち）の皇子（みこ）は、筑紫に）出発なさったと人にはお見せになって、三日ばかり後に（難波（なにわ）に）漕いでお帰りになった。

106 むげなり【無下なり】★★ 形動・ナリ

「無下」の字の通り、これより下が無いということで、「ひどい」「身分が低い」「最低だ」などと訳します。

① ひどい

例文

①天下の物の上手といへども、始めは不堪の聞こえもあり、むげの瑕瑾もありき。（徒然草）

訳天下の名人といっても、初めは無器用だという評判もあり、ひどい欠点もあった。

107 むね【宗・旨】★ 名

「宗」と書けば「中心」で、「旨」と書けば「意味・内容」を表します。他には、「胸（＝胸、心）」「棟（＝屋根の中央の最も高い部分）」など。いずれも「中心」が語源です。

① ［宗］中心

② ［旨］意味・内容

関 むねむねし【宗宗し】形 おもだっている・しっかりしている

例文

①家の造りやうは、夏をむねとすべし。（徒然草）

訳家の造り方は、夏（に合うこと）を主とするのがよい。

108 めづ【愛づ・賞づ】 動・ダ下二 ★★

①は「愛づ」、②は「賞づ」と書きます。美しいものやかわいいものを気に入り、賞美する気持ちを表します。関連語の「めでたし」は、この単語からできました。

① [愛づ] 愛する・かわいがる
② [賞づ] ほめる・感心する

関 めでたし 形 （→P.61）

例文
①「いかなる人、蝶めづる姫君につかまつらむ」とて、（竹取物語）
訳「どういう人が蝶をかわいがる姫君にお仕え申し上げるのでしょうか」と言って、

109 めやすし【目安し】 形・ク ★★

「目に安し」ということで、見た目が安心な様子を表します。ただし、精神的な意味で使われることもあります。

① 感じがよい・見苦しくない

対 みぐるし【見苦し】形 ①見るのがつらい ②みっともない

例文
①髪ゆるるかにいと長く、めやすき人なめり。（源氏物語）
訳 髪がゆったりとしてとても長く、感じのよい人であるようだ。

110 ものす【物す】 動・サ変

★★

英語の「do」や「be」にあたる代動詞で、様々な動詞の代わりに使われます。
「いる」「ある」「行く」「来る」など、文脈によって訳し分けましょう。

① ～する ② いる・ある

例文

②「かたじけなく、きたなげなる所に、年月をへてものし給ふ事、極まりたるかしこまり」と申す。（竹取物語）

訳（翁）「恐れ多くも、（高貴な方々がこんな）見苦しい所に、長い年月おいで下さいますことは、この上なく恐縮です」と申し上げる。

111 やうやう【漸う】 副

★★

読み方は「ヨウヨウ」。「やうやく」のウ音便形です。
鎌倉時代には現代語の「ようやく」と同じ意味でも使われるようになりました。

① しだいに・だんだん

関 やや【漸】副 ①しだいに・だんだん ②少し

例文

①春はあけぼの。やうやう白くなりゆく山ぎはすこしあかりて、紫だちたる雲の細くたなびきたる。（枕草子）

訳春は夜明け方（がよい）。しだいに白くなっていく山際の空が、少し明るくなって、紫がかっている雲が細くたなびいている（のが趣深い）。

112 やる【遣る】★★ 動・ラ四

□□□

① 送る ② 行かせる
③ [補助動詞として] 遠くまで～する

対 おこす【遣す】動（→P.40）

対義語「おこす」とは、動作の方向が逆になります。こちらから、むこうへ送ることです。
なお、「破る（＝破る）」と書くと、別の語になります。

例文

② 「明け暮れ見慣れたるかぐや姫をやりては、いかが思ふべき」。（竹取物語）

訳（帝）「明けても暮れても見慣れているかぐや姫を（月の都に）行かせては、（翁は）どのように思うだろうか」。

113 ゆかし【床し】★★ 形・シク

□□□

① 見たい・聞きたい・知りたい
② 心ひかれる

動詞「行く」が形容詞化したものです。心が強くひかれて「行きたい」というのが原義です。
様々な訳語が考えられるので、文脈に応じて訳し分けましょう。

例文

① 五人の中に、ゆかしきものを見せたまへらむに、御心ざしまさりたりとて、仕うまつらむ。（竹取物語）

訳 五人の中で、（私が）見たいものをお見せ下さる方に、愛情がまさっていると思って、（妻として）お仕え申し上げましょう。

114 ゆくりなし 形・ク ★★

語源は諸説あり、はっきりとしません。「ゆっくりでない」→「突然だ」と覚えましょう。「ゆくりもなし」の形でもよく出てきます。

① 突然だ・思いがけない

例文

①ゆくりなく風吹きて、漕(こ)げども漕げども後へ退(しり)きに退(しぞ)きて、（土佐日記）

訳 思いがけず風が吹いて、漕いでも漕いでも、（舟は）どんどん後ろへさがって、

115 ゆふされば【夕されば】 連語 ★

動詞「ゆふさる（＝夕方になる）」の已然形に、接続助詞「ば」が付いたもので、和歌によく出てきます。「さる」は、「来る、近づく」ということです。「夕方が去る」としないように注意しましょう。

① 夕方になると

関 はるされば【春されば】 連語
春になると

①夕されば 野辺(のべ)の秋風 身にしみて うづら鳴くなり 深草の里（千載和歌集）

訳 夕方になると、野原の秋風が身にしみて、うずらが（寂しげに）鳴いているようだ。この深草の里は。

116

よ・よのなか【世・世の中】名

□□□ ★★

①の意味は現代語と同じです。②の意味が重要です。他に「俗世」「身の上」などの意味もある多義語です。

①世間　②男女の仲
③治世

例文
②夢よりもはかなき世の中を、嘆きわびつつ明かし暮らすほどに、（和泉式部日記）

訳 夢よりもむなしい男女の仲を、嘆き悲しみながら日々を暮らしているうちに、

117

よしなし【由無し】形・ク

□□□ ★★

由無し、つまり「由（よし）」が無いということです。多義語ですが、関連語「由」の持つ意味を打ち消すような感じで訳語を覚えましょう。

①理由がない　②関係がない
③方法がない　④つまらない

関 よし【由】名 （→P.370）

例文
④おろかなる人は、「ようなきありきは、よしなかりけり」とて、来ずなりにけり。（竹取物語）

訳 （かぐや姫への愛が）いい加減な人は、「役に立たない出歩きは、つまらないことであった」と言って、来なくなってしまった。

118 よも【世も】（～じ） 副

下に打消推量の助動詞「じ」がつき、「まさか～まい」と訳します。現代語の「よもや」と同じです。

① まさか（～まい）

例文

①あひ戦はんとすとも、かの国の人来なば、猛き心つかふ人も、よもあらじ。（竹取物語）

訳 互いに戦おうとしても、あの（月の）国の人が来てしまったら、勇猛な心を起こす人も、まさかありますまい。

119 れいの【例の】 連語

名詞「例（＝いつも）」に助詞「の」がついてできた語です。
①は、連体修飾語になります。
②の連用修飾語としての用法が重要で、入試によく出題されます。

① いつもの
② いつものように

関 れいならず【例ならず】 連語

（→P.376）

例文

②日暮るるほど、例の集まりぬ。（竹取物語）

訳 日が暮れるころ、（五人の貴公子たちは）いつものように集まった。

120 ゐる【居る】★★ 動・ワ上一

現代語と同じ「いる」という意味もありますが、それ以外の意味が重要です。主語が人の場合は①、鳥や舟の場合は②の意味となります。

①座る　②とどまる

関 ゐる【率る】動 ①連れて行く　②携帯する

例文
①皇子(みこ)は、立つもはした、ゐるもはしたにてゐ給へり。（竹取物語）

訳（うそがばれて、庫持(くらもち)の）皇子は、立つのもきまり悪く、座るのもきまり悪い様子でいらっしゃる。

121 をこなり【痴なり】形動・ナリ

「痴(をこ)」は、愚かなことを表します。「おろかなり【疎かなり】（＝いいかげんだ、不十分だ）」（→P.142）との違いに注意しましょう。

①愚かだ

関 をこがまし【痴がまし】形 ①ばかばかしい　②差し出がましい

例文
①をこにも見え、人にも言ひ消(け)たれ、禍(わざはひ)をも招くは、ただこの慢心なり。（徒然草）

訳 愚かにも見え、人にも非難され、災いをも招くのは、ただこの慢心である。

122 ★★ をさをさ〜打消 副

下に「ず」「まじ」など打消の語を伴い、「ほとんど〜ない」「ほとんど〜ないだろう」などと訳します。全部否定ではない点に注意しましょう。

① ほとんど（〜ない）

例文

①姫君は今よりいとさがなくて、をさをさ内にも物し給はず、外にのみとおはして、（とりかへばや物語）

訳 姫君は（幼少の）今からとてもいたずら好きで、ほとんど部屋の中にもいらっしゃらず、外にばかりずっといらっしゃって、

123 ★ をさをさし【長長し】 形・シク

「長（をさ）」とは、人の上に立つリーダーのことです。「長」を重ねて形容詞化したもので、しっかりして落ち着いた状態を表します。

① 大人びている
② しっかりしている

類 おとなし【大人し】形 （→P.410）

例文

②若ければ、文（ふみ）もをさをさしからず、ことばも言ひ知らず、いはむや歌は詠まざりければ、（伊勢物語）

訳（求婚されたが、女はまだ）若いので、手紙（の書き方）もしっかりとしておらず、言葉（の使い方）もわからなく、まして歌は詠めなかったので、

124 □□□ ★

～を～み（慣用表現）

和歌の中で使われます。間投助詞「を」＋形容詞の語幹＋接尾語「み」の形になり、原因・理由を表します。

① ～が～なので

例文

①瀬をはやみ 岩にせかるる 滝川の われても末に 逢はむとぞ思ふ （詞花集、百人一首）

訳 川の流れが速いので、岩にせき止められる滝川の水が分かれても後には下流で合流するように、いつか（恋しいあなたと）きっと逢おうと思う。

評価の表現

125 □□□ ★★

よし【良し】形・ク

「よし」→「よろし」→「わろし」→「あし」の順に評価が下がります。「よし」は、「優れている」「美しい」など、様々な訳語があります。

① よい ② 身分が高い・教養がある

例文

②よき人にあはせむと思ひはかれど、切にいなといふ事なれば、（竹取物語）

訳 （翁は）身分教養の高い人と結婚させようと思い計るが、（かぐや姫が）どうしてもいやと言うことなので、

126 □□□ ★★

よろし【宜し】形・シク

「よろし」は、「よし」ほどではないが、「まずまずよい」という意味を表します。②の意味に注意しましょう。

①悪くはない
②普通だ・平凡だ

例文

②春ごとに咲くとて、桜をよろしう思ふ人やはある。（枕草子）

訳毎年春に咲くからといって、桜を平凡だと思う人がいるだろうか（いや、いるはずがない）。

127 □□□ ★

わろし【悪し】形・ク

普通より少し劣っている状態を表します。文脈によっては、②のように訳します。

①よくない
②下手だ・下品だ

例文

①友とするにわろき者、七つあり。（徒然草）

訳友人とするのによくない者が、七つ（＝七種類）ある。

128 あし ★★【悪し】形・シク

「わろし」よりもさらに悪い最悪の状態を表します。「よし」の対義語となります。

①悪い ②下手だ ③不都合だ

例文

①唐土にも、かかる事の起こりにこそ、世も乱れあしかりけれ。(源氏物語)

訳中国でも、このような原因(=帝が后を寵愛しすぎたこと)から、世の中が乱れ、悪くなったのだ。

出家するの表現

129 よをそむく ★【世を背く】連語

①出家する

類 やつす 動 (→P.364)

例文

[よをそむく]

①五十の春を迎へて、家を出で世をそむけり。(方丈記)

訳五十歳の春を迎えて、家を出て出家した。

130 よをすつ【世を捨つ】 連語

131 よをのがる【世を遁る】 連語

132 みぐしおろす【御髪下ろす】 連語

133 かしらおろす【頭下ろす】 連語

「世」は、世間や俗世のことです。俗世間を離れる→出家する、ということです。
「御髪下ろす」は、頭を丸める→出家する、ということです。

［よをすつ］
①かう世を捨つるやうにて明かし暮らすほどに、年月(としつき)の行方(ゆくへ)も知らず顔なるを、（源氏物語）
訳このように出家したようにして日々を送るうちに、年月がたつのもわからない状態だが、

［よをのがる］
①世のおもしと、ものしたまへる大臣(おとど)の、かく世をのがれたまへば、おほやけも心細う思され、（源氏物語）
訳世の重鎮(じゅうちん)でおられる（左(さ)）大臣(だいじん)が、このように俗世を離れられた（＝辞職された）ので、帝も心細くお思いになり、

［みぐしおろす］
①童(わらは)より仕うまつりける君、御髪下ろし給うてけり。（伊勢物語）
訳幼少のころからお仕えしていた主君が、出家してしまわれた。

［かしらおろす］
①ひえの山にのぼりて、かしらおろしてけり。（古今和歌集 詞書）
訳比叡山(ひえいざん)に登って、出家してしまった。

＋αで覚えたい単語１４０

追加で覚えておきたい単語１４０語を五十音順に掲載しています。
難関校志望の人は、ぜひ覚えましょう。

1 **あがためし**【県召し】名

①国司を任命する儀式

2 **あかつき**【暁】名

①夜明け前・未明

3 **あからめ**【あから目】名

①わき見　②浮気

4 **あけぼの**【曙】名

①夜明けごろ

5 **あつし**【篤し】形・シク

①病気が重い・病気がちだ

6 **あなづらはし**【侮らはし】形・シク

①軽く扱ってもよい　②遠慮がいらない

7 **あま**【海人・海士・海女】名

①漁師　②海女（あま）

8 **あやめ**【文目】名

①道理・分別

9 **あらがふ**【争ふ・諍ふ】動・ハ四

①争う・論争する　②反論する

10 **あらはなり**【顕なり・露なり】・ナリ

①まる見えである　②明らかだ

11 あり【有り・在り】 動・ラ変
①ある・いる ②生きている

12 ありありて【在り在りて】 連語
①生き長らえて ②結局

13 ありとある【有りと有る】 連語
①あるかぎりの・すべての

14 あれかにもあらず【吾かにもあらず】 連語
①呆然(ぼうぜん)とする

15 いかに【如何に】 副
①どのように ②どうして

16 いかめし【厳めし】 形・シク
①威厳がある ②盛大だ

17 いきとしいけるもの【生きとし生けるもの】 連語
①あらゆる生き物

18 いたはし【労はし】 形・シク
①気の毒だ ②大切にしたい

19 いつく【斎く・傅く】 動・カ四
①神を祭る ②大切に世話する

20 いづこ【何処】 代
①どこ

21 いづち【何処】代
①どこ

22 いで 感
①さあ（勧誘）②いやもう（感慨）

23 いなぶ【否ぶ】動・バ上二／バ四
①断る

24 いはむかたなし【言はむ方無し】連語
①言いようがない

25 いむ【忌む・斎む】動・マ四
①【忌む】忌み嫌う ②【斎む】身を清めてつつしむ

26 うたかた【泡沫】名
①水の泡（あわ）

27 うちとく【打ち解く】動・カ下二
①くつろぐ・親しむ ②気を許す・油断する

28 うらなし【心無し】形・ク
①心を隠さない ②へだてがない ③遠慮がない

29 うるせし 形・ク
①上手だ ②賢い

30 うれふ【憂ふ・愁ふ】動・ハ下二
①心配する・悲しむ ②嘆き訴える

31 **おづ【怖づ】** 動・ダ上二
①恐れる

32 **おとど【大臣】** 名
①大臣(だいじん)

33 **おまへ【御前】** 名
①（神仏や貴人の）お側(そば) ②［貴人の敬称］

34 **おもておこし【面起こし】** 名
①面目を保つこと

35 **おもてぶせ【面伏せ】** 名
①面目を失うこと

36 **おもほゆ【思ほゆ】** 動・ヤ下二
①自然に思われる

37 **およすく【老よすく】** 動・カ下二
①成長する ②大人びる

38 **かいまみる【垣間見る】** 動・マ上一
①のぞき見る

39 **かくる【隠る】** 動・ラ四／ラ下二
①隠れる ②死ぬ・亡くなる

40 **かずまふ【数まふ】** 動・ハ下二
①仲間として数え入れる ②人並みに扱う

41 かたじけなし【辱し・忝し】形・ク
①恐れ多い ②恥ずかしい

42 かたち【形・容貌】名
①形・姿 ②顔立ち・容貌

43 かつ【且つ】副
①一方では ②すぐに

44 かなふ【叶ふ・適ふ】動・ハ四
①思い通りになる ②ぴったり合う

45 かりそめなり【仮初なり】形動・ナリ
①ほんのちょっと・一時的

46 かんだちめ【上達部】名
①三位以上の貴族

47 きんだち【公達・君達】名
①上流貴族の子息・子女

48 くつ【朽つ】動・タ上二
①腐る ②衰える ③死ぬ

49 くもゐ【雲居・雲井】名
①雲のある所 ②宮中

50 け【褻】名
①日常

51 けうなり【稀有なり】形動・ナリ
①めったにない ②意外だ

52 けうらなり【清らなり】形動・ナリ
①清らかで美しい

53 けに【異に】副
①いっそう ②特に

54 けはひ【気配】名（読み方は「ケワイ」）
①様子・雰囲気 ②声・音

55 こころおとり【心劣り】名
①期待はずれ

56 こと【言・事・異・殊】名
①【言】ことば・和歌 ②【事】ことがら ③【異・殊】違うもの

57 こほつ（こぼつ）【毀つ】動・タ四
①こわす

58 こよなし 形・ク
①この上ない・格別だ

59 さだめて【定めて】副
①［推量の助動詞と呼応して］きっと（～だろう）

60 さらず【避らず】連語
①避けることができず・やむを得ず

61 さる【去る・避る】動・ラ四
①去る ②【去る】来る ③【避る】避ける

62 されど【然れど】接
①そうではあるが

63 されば【然れば】接
①だから

64 さればよ【然ればよ】連語
①思ったとおりだ

65 しかず【如かず・及かず】連語
①～に及ばない ②～に越したことはない

66 しげし【繁し・茂し】形・ク
①草木が生い茂っている ②多い

67 したりがほ【したり顔】名
①得意顔

68 しづ【賤】名
①卑しいこと・身分の低い者

69 しな【品】名
①身分・家柄 ②品性・人柄

70 しれもの【痴れ者】名
①愚(おろ)か者

71 ずいじん【随身】名
①貴人のお供

72 すく【好く】動・カ四
①風流にふける ②色ごとを好む

73 すくよかなり【健よかなり】形動・ナリ
①（心身が）しっかりしている ②そっけない

74 すさび【荒び・遊び】名
①気まぐれ ②もてあそび

75 すさぶ【荒ぶ・遊ぶ】動・バ四／バ上二
①気ままに～する ②もてあそぶ

76 すゑ【末】名
①和歌の下の句 ②末端 →対もと（P.472）

77 せんざい【前栽】名
①庭の植えこみ

78 そしり【謗り・誹り】名
①非難すること・悪口を言うこと

79 たぐふ【類ふ・比ふ】動・ハ四／ハ下二
①一緒にいる ②似合う

80 ただ【直・唯・只】副
①直接 ②ひたすら

81 ただなり【徒なり】形動・ナリ
①むなしい　②何でもない

82 たづき【方便】名
①手段　②様子

83 たふ【堪ふ・耐ふ】動・ハ下二
①我慢する　②能力がある

84 たまのを【玉の緒】名
①命

85 たまはす【賜はす】敬動・サ下二
①お与えになる

86 たゆむ【弛む】動・マ四／マ下二
①疲れる　②油断する

87 ちぎる【契る】動・ラ四
①約束する　②愛を誓う

88 ぢげ【地下】名
①殿上の間への昇殿を許されない官人

89 ぢもく【除目】名
①官職を任命する儀式（県召し（→P.460）と司召し（→P.469）とがある）

90 ついゐる【突いゐる】動・ワ上一
①ひざをついて座る

91 **つかさめし【司召し】** 名
①中央の役人を任命する儀式

92 **つきかげ【月影】** 名
①月の光 ②月の姿 ③月の光に照らされた物の姿

93 **つぼね【局】** 名
①部屋 ②部屋を持つ女房

94 **つま【夫・妻】** 名
①夫 ②妻

95 **つらし【辛し】** 形・ク
①薄情だ ②心苦しい

96 **てんじゃうびと【殿上人】** 名
①殿上の間への昇殿を許された官人

97 **ところう【所得】** 動・ア下二
①よい地位を得る ②得意そうにする

98 **とのゐ【宿直】** 名
①宮中などに宿泊して、事務や警護をすること

99 **ながらふ【永らふ・存ふ】** 動・ハ下二
①生きながらえる・長生きする ②長続きする

100 **なぐさむ【慰む】** 動・マ四／マ下二
①［四段活用］心が晴れる ②［下二段活用］なごませる

101
なづさふ 動・ハ四
①懐く・親しむ

102
なづむ【泥む】動・マ四
①行き悩む ②悩み苦しむ ③執着する

103
なほざりなり【等閑なり】形動・ナリ
①いい加減だ ②ほどほどだ

104
なまじひなり【生強ひなり】形動・ナリ
①［連用形で］無理に ②中途半端だ

105
にげなし【似気無し】形・ク
①似合わない・ふさわしくない

106
ねぶ 動・バ上二
①年をとる ②大人びる

107
はつ【果つ】動・タ下二
①［補助動詞として］すっかり〜する・〜し終わる

108
はやく【早く】副
①すでに ②以前 ③［助動詞「けり」を伴い］何とまあ

109
ひたぶるなり【一向なり】形動・ナリ
①ひたすらだ・一途だ

110
ひつ【漬つ・沾つ】動・タ四／タ上二
①ぬれる・水につかる

111
ひとやりならず【人遣りならず】連語
①（強制ではなく）自分の意志ですることだ

112
ふる【古る・旧る】動・ラ上二
①古くなる　②年をとる

113
ほい【本意】名
①本来の意志

114
ほいなし【本意無し】形・ク
①不本意だ　②物足りない

115
ほど【程】名
①時間・ころ　②距離・広さ　③身分・年齢

116
まがふ【紛ふ】動・ハ四／ハ下二
①入り乱れる　②見間違える

117
まがまがし【禍禍し】形・シク
①不吉だ　②憎らしい

118
またし【全し】形・ク
①完全だ　②安全だ

119
まらうと（まらうど）【客人】名
①客

120
みいだす【見出だす】動・サ四
①家の内から外を見る　②見つけ出す

121 みかど【帝・御門】名
①天皇 ②宮中

122 みち【道】名
①道理 ②仏道 ③専門分野

123 みやび【雅び】名
①上品で優雅なこと

124 みゆき【御幸・行幸】名
①（天皇や上皇の）お出かけ

125 むくつけし 形・ク
①気味が悪い

126 むつぶ【睦ぶ】動・バ上二
①仲よくする

127 むつまし【睦まし】形・シク
①仲がよい

128 もと【本】名
①和歌の上の句 ②根本
→対すゑ（P.467）

129 ものぐるほし【物狂ほし】形・シク
①気が変になりそうだ

130 やまがつ【山賤】名
①（きこり・猟師）などの山里に住む身分の低い者

131 やむ【止む】動・マ四
①続いたことが終わりになる

132 ゆかり【縁】名
①縁(えん)・縁故(えんこ)・血縁

133 ゆゑゆゑし【故故し】形・シク
①由緒(ゆいしょ)がありそうだ　②趣がある

134 よすが【縁・因・便】名
①身を寄せる所　②縁者(えんじゃ)　③手段

135 よすがら【夜すがら】副
①一晩中

136 よそふ【比ふ・寄そふ】動・ハ下二
①例える　②比べる

137 よばふ【呼ばふ】動・ハ四
①呼び続ける　②求婚する

138 らうらうじ【労労じ】形・シク
①洗練されている・巧みである　②上品でかわいい

139 わく【分く】動・カ四／カ下二
①分ける・区別する　②理解する

140 わざ【業】名
①行い　②法要

付録

◆用言（動詞・形容詞・形容動詞）活用表
◆助動詞一覧表
◆助詞一覧表
◆敬語まとめ

用言活用表

〈動詞〉

活用の種類	例語	語幹	行	未然形	連用形	終止形	連体形	已然形	命令形
四段	咲く	咲	カ行	か	き	く	く	け	け
上一段	見る	○	マ行	み	み	みる	みる	みれ	みよ
上二段	起く	起	カ行	き	き	く	くる	くれ	きよ
下一段	蹴る	○	カ行	け	け	ける	ける	けれ	けよ
下二段	流る	流	ラ行	れ	れ	る	るる	るれ	れよ
カ行変格	来(く)	○	カ行	こ	き	く	くる	くれ	こ こよ
サ行変格	す	○	サ行	せ	し	す	する	すれ	せよ
ナ行変格	去(い)ぬ	去	ナ行	な	に	ぬ	ぬる	ぬれ	ね
ラ行変格	あり	あ	ラ行	ら	り	り	る	れ	れ

〈形容詞〉

活用の種類	例語	語幹	未然形	連用形	終止形	連体形	已然形	命令形
ク活用	高し	高	く から	く かり	し	き かる	けれ	かれ
シク活用	美し	美	しく しから	しく しかり	し	しき しかる	しけれ	しかれ

〈形容動詞〉

活用の種類	例語	語幹	未然形	連用形	終止形	連体形	已然形	命令形
ナリ活用	静かなり	静か	なら	なり に	なり	なる	なれ	（なれ）
タリ活用	堂々たり	堂々	たら	たり と	たり	たる	（たれ）	（たれ）

助動詞一覧表

接続	語	意味	未然形	連用形	終止形	連体形	已然形	命令形	活用型
未然形	る	受身・可能・自発・尊敬	れ	れ	る	るる	るれ	れよ	下二段
	らる		られ	られ	らる	らるる	らるれ	られよ	
	す	使役・尊敬	せ	せ	す	する	すれ	せよ	
	さす		させ	させ	さす	さする	さすれ	させよ	
	しむ		しめ	しめ	しむ	しむる	しむれ	しめよ	
	ず	打消	ず ざら	ず ざり	ず	ぬ ざる	ね ざれ	ざれ	特殊
	む	推量・意志・勧誘・仮定・婉曲・適当	○	○	む	む	め	○	四段
	むず		○	○	むず	むずる	むずれ	○	サ変
	じ	打消推量・打消意志	○	○	じ	じ	じ	○	特殊
	まほし	希望	(まほしく) まほしから	まほしく まほしかり	まほし	まほしき まほしかる	まほしけれ	○	シク活用
	まし	反実仮想・推量・意志	ましか (ませ)	○	まし	まし	ましか	○	特殊
連用形	き	過去	(せ)	○	き	し	しか	○	特殊
	けり	過去・詠嘆	(けら)	○	けり	ける	けれ	○	ラ変
	つ	完了・強意	て	て	つ	つる	つれ	てよ	下二段
	ぬ		な	に	ぬ	ぬる	ぬれ	ね	ナ変
	たり	完了・存続	たら	たり	たり	たる	たれ	たれ	ラ変
	たし	希望	(たく) たから	たく たかり	たし	たき (たかる)	たけれ	○	ク活用

接続	助動詞	意味	未然形	連用形	終止形	連体形	已然形	命令形	活用の型
	けむ	過去推量・過去の伝聞・婉曲	○	○	けむ	けむ	けめ	○	四段
終止形（ラ変型の連体形）	らむ	現在推量・原因推量・伝聞・婉曲	○	○	らむ	らむ	らめ	○	四段
	べし	推量・意志・可能・当然・命令・適当	（べく） べから	べく べかり	べし	べき べかる	べけれ	○	ク活用
	めり	推定・婉曲	○	（めり）	めり	める	めれ	○	ラ変
	らし	推定	○	○	らし	らし	らし	○	特殊
	まじ	打消推量・打消意志・不可能・打消当然・禁止・不適当	（まじく） まじから	まじく まじかり	まじ	まじき まじかる	まじけれ	○	シク活用
	なり	伝聞・推定	○	なり	なり	なる	なれ	○	ラ変
連体形・体言	なり	断定	なら	なり に	なり	なる	なれ	なれ	ナリ活用
	ごとし	比況	（ごとく）	ごとく	ごとし	ごとき	○	○	ク活用
体言	たり	断定	たら	たり と	たり	たる	たれ	たれ	タリ活用
サ変の未然形・四段の已然形	り	完了・存続	ら	り	り	る	れ	れ	ラ変

助詞一覧表

種類	語	意味・用法
格助詞	が の	主格［～が］ 連体格［～の］ 同格［～で］ 体言の代用［～のもの］ 比喩［～のような］
	を	動作の対象［～を］ 起点［～から］ 経由点［～を通って］
	に	場所［～に］ 時間［～に］ 対象［～に］ 原因・目的［～で・～ために］ 変化の結果［～に］ 比較の基準［～に・～より］ 強調［～に］ 動作主への敬意［～におかれては］
	と	一緒に動作する相手［～と］ 変化の結果［～に・～と］ 引用［～と］ 並列［～と］ 比較の基準［～と］ 比喩［～のように］
	より	起点［～から］ 経由点［～を通って］ 比較の基準［～より］ 手段・方法［～で］ 即時［～するやいなや］ 限定［～よりほかに］
	にて	場所・時［～で］ 手段・方法［～で・～によって］ 原因・理由［～ので・～によって］
	して	手段［～で］ 使役の対象［～に・～に命じて］ 一緒に動作をする相手［～と］
	へ	方向［～へ・～に］

接続助詞	意味・用法
ば	順接仮定条件［（もし）〜ならば］ 順接確定条件 原因・理由［〜ので・〜から］ 偶然条件［〜したところ・〜と］ 恒常条件［〜するといつも］
に を	順接確定条件 原因・理由［〜ので］ 逆接確定条件［〜だが］ 単純な接続［〜すると］
で	打消の接続［〜ないで］
ものの ものを ものから ものゆゑ	逆接確定条件［〜だが］
と とも	逆接仮定条件［（仮に）〜としても］
ど ども	逆接確定条件［〜が・〜けれど］ 逆接恒常条件［〜ても必ず］
が	逆接確定条件［〜が・〜けれども］ 単純接続［〜が］

（接続助詞）	意味・用法
て	単純接続［〜て］ 順接確定条件［〜ので］ 逆接確定条件［〜のに］
して	単純接続［〜て］ 順接確定条件［〜ので］ 逆接確定条件［〜のに］
つつ	反復［〜しては］ 動作の並行［〜しながら］ 継続［〜し続けて］
ながら	動作の並行［〜しながら］ 動作・状態の継続［〜のままで］ 逆接確定条件［〜のに・〜けれども］

係助詞	意味・用法
ぞ なむ こそ	強意
や か	疑問［〜か］ 反語［〜か、いや〜ない］
は	提示［〜は］ 対比［〜は］
も	強意［〜も］ 並列［〜も］ 同種の事柄の暗示［〜も・〜でも］

副助詞

助詞	意味
だに	最小限の希望［せめて～だけでも］ 類推［～さえ］
さへ	添加［～までも］
し	強意
のみ	強意［ひたすら～・特に～］ 限定［～だけ・～ばかり］
すら	類推［～でさえ］
ばかり	限定［～だけ・～ばかり］ 程度［～ほど］
まで	限度［～まで］ 程度［～ほど］
など	例示［～など］ 婉曲［～など］ 引用［～などと］

終助詞

助詞	意味
ばや	自己の希望［～たい］
にしがな てしがな	自己の希望［～たい］
なむ	他への希望［～てほしい］
がな もがな	願望［～があればなあ・～であればなあ］
な	禁止［～するな］ 詠嘆［～だなあ］
そ	禁止［～するな］
かな	詠嘆［～だなあ］
かし	念押し［～よ］

敬語まとめ

尊敬語

語	意味
おはす（→P.410） **おはします** **います** **まします**	いらっしゃる 〈あり・をり・行く・来の尊敬〉 [補動]〜（て）いらっしゃる
おぼす（→P.411） **おぼしめす**（→P.411）	お思いになる
たまはす（→P.468）	お与えになる
たぶ **たうぶ**	お与えになる [補動]〜なさる
おほす（→P.136） **のたまふ**（→P.55） **のたまはす**	おっしゃる
ごらんず（→P.423）	ご覧になる
きこす	おっしゃる お聞きになる
きこしめす（→P.170）	お聞きになる 召し上がる お治めになる
めす（→P.352）	お呼びになる お取り寄せになる 召し上がる
おほとのごもる（→P.412）	お休みになる
しろしめす（→P.224）	知っていらっしゃる お治めになる

謙譲語

語	意味
まうす	申し上げる
きこえさす（→P.42）	[補動]（お）〜申し上げる
きこゆ（→P.172）	申し上げる [補動]（お）〜申し上げる [一般動詞] 聞こえる 評判になる わかる
まうづ（→P.442）	参上する 参詣する
まゐらす	差し上げる [補動]（お）〜申し上げる
そうす	（天皇に）申し上げる
けいす	（中宮・皇太子に）申し上げる

語	意味
まかる（→P.332）	退出する 参上する [まかり＋動詞の形で] 〜いたす
まかづ	退出する
たまはる（→P.50）	いただく
うけたまはる	いただく お聞きする
つかまつる（→P.264） つかうまつる	お仕え申し上げる・（何かを）して差し上げる [補動]（お）〜申し上げる

尊敬＋謙譲

語	意味
たまふ（→P.254）	尊 お与えになる（四段活用） 尊［補動］～なさる（四段活用） 謙［補動］～させていただく（下二段活用）
まゐる（→P.342）	尊 召し上がる 謙 参上する 謙 差し上げる
たてまつる（→P.250）	尊 お召しになる 尊 お乗りになる 尊 召し上がる 謙 差し上げる 謙［補動］（お）～申し上げる

謙譲＋丁寧

語	意味
はべり（→P.314） **さぶらふ**（→P.208）	謙 お仕え申し上げる 丁 あります 丁［補動］～です・～（でござい）ます

カバーデザイン　西垂水敦・内田裕乃（krran）
カバーイラスト　北村翔
本文デザイン　早川郁夫（Isshiki）
本文イラスト　北村翔、畔ひとね、雨宮、傘屋佐菜、煤乃団子、祐梨
本文組版　高見澤愛美（Isshiki）、末吉喜美
校正　株式会社鷗来堂
企画協力　吉田浩（株式会社天才工場）
編集協力　廣田祥吾
制作協力　有限会社 Imagination Creative

［著者］
溝越雅樹（みぞこし・まさき）
1967年、兵庫県生まれ。学生時代から記憶力の弱さがコンプレックスで、受験したすべての大学に不合格となる。自分なりの勉強法・記憶法を模索する日々を送り、28歳で神戸大学法学部へ入学。入学直後から学習塾や家庭教師のアルバイトを始め、特に成績の悪い子や勉強に興味のない子への指導を得意とした。卒業後は「早稲田育英ゼミナール」にて国・数・英の個別指導を行った後、灘中学校への合格者数日本一の関西最大手進学教室「浜学園」で、小学生を対象とした国語の非常勤講師となり、灘コースのテスト攻略を担当する。
現在は個別指導塾「スクールIE」にて小学生〜高校生を対象に国語（主に古文）を中心に教えている。
20年を超える指導経験で「どうすればわかりやすいか」「どうすれば覚えやすいか」を常に研究。独自の溝越式「イメージ変換」「ストーリー形式」記憶法を編み出し、これまで5000人以上の生徒を指導。塾講師の傍ら、参考書の執筆活動も行っている。

かぐや姫と覚える古文単語473

2023年　4月　22日　初版発行

著　　者　溝越雅樹
発 行 者　石野栄一
発 行 所　明日香出版社
〒112-0005　東京都文京区水道2-11-5
電話　03-5395-7650（代表）
https://www.asuka-g.co.jp

印刷・製本　シナノ印刷株式会社

　ISBN 978-4-7569-2261-8